KB264163

초기 그리스도교 사상가들

EARLY CHRISTIAN THINKERS

EARLY CHRISTIAN THINKERS

초기 그리스도교 사상가들

H. 크라프트 지음

정용한 소요한 송용섭 옮김

동연

기독교의 위기를 경험하는 시대마다 초대 교회의 신앙적 유산에 대한 관심과 연구는 계속되어 왔다. 성서학, 교회사, 기독교 윤리학이라는 서로 다른 전공에도 불구하고 위기의 시대 속에 한국 교회의 내일을 염려하는 마음만은 같은 것이라는 것을 확인했고, 한국 교회의 위기를 인식하며 역자들은 다시 한 번 초대 교회의 삶의 자리와 고민을 논의할 수 있는 기회를 원하게 되었다. 한국 교회의 위기에 대한 진단과 대처가 전공에 따라 다를 수 있기에 역자들은 먼저 초대 교회가 직면했던 위기와 고민을 살피고 소개하기로 결심했다. 그 고민의 산물 중 첫 열매가 바로 이 책이다. 비전공자들도 쉽게 이해 할 수 있도록 기획된 "World Christian Books 시리즈"의

*Early Christian Thinkers*는 잘 정리된 내용의 간결성과 문장의 명료함으로 다양한 독자들에게 지금까지 사랑 받아 온 저서이다. 바로 이것이 한국 교회의 위기를 고민하는 데 필요한 텍스트로 H. 크라프트의 작품을 번역하기로 결정한 이유이다. 비록 이 책이 이미 고전이라 불릴 만큼 오래전에 저작되었지만 저자의 시대정신이 녹아든 초기 그리스도교 사상가들에 대한 탁월한 분석은 반세기가 지난 작금의 독자들에게도 깊은 여운을 남길 것이다.

이 땅의 그리스도인들이 해야 할 질문을 먼저 던지고 대답하려 애쓴 신앙의 선조들의 삶과 사상을 배우는 것은 역자들에게 특별한 경험이 아닐 수 없었다. 필로, 클레멘트, 오리겐 등 외면당하기 쉬운 신앙의 선진들이 자신의 신앙을 지키고 구체화하기 위해 어떤 노력을 기울였는지를 숙고하는 것은 이 책을 접하는 모든 이들에게 큰 도전과 배움이 되리라 확신한다. 초대 교회사에 대한 다양한 전공 서적과 연구 논문이 있는 것이 사실이지만, 이 책이 신앙을 고민하는 다양한 독자들에게 간략하면서도 명료한 도전을 전달할 수 있으리라 믿는다.

그리스도 신앙을 시대마다 고민하고 그 시대를 위한 해석을 제시하기 위해 부단히 노력한 신학자들을 만나며, 우리는 이 시대를 향한 우리의 사명이 무엇인지 다시금 고민하게 된다. 신학이 현장과 유리되어 가는 현실 속에서 신앙의 선진들이 던지는 도전은 사상적인 것뿐 아니라 "현장에서 신학하기"라는 절실한 물음을 남긴다. 그리스도교의 기원과 함께 시작된 시대를 아우르려는 고민은 시간과 공간을 넘어 이 땅에서도 이어져야 할 것이다. 이 땅의 문제와 아픔을 교회가 어떻게 감당해야 할지를 함께 고민하는 데 조금이나마 쓰임 받을 수 있는 책이 되기를 바라마지 않으며, 동연출판사의 김영호 사장님 외 이 책을 통해 고민을 이어갈 수 있도록 배려해 주시고 격려해 주신 모든 분들께 이 자리를 빌려 감사드린다.

정용한 소요한 송용섭

차 례

제1장
알렉산드리아 학파의 시작
THE BEGINNINGS OF THEOLOGY IN ALEXANDRIA

1. 도시와 국가

이집트에서 그리스도교 공동체가 어떻게 시작되었고 그 후 200년 동안 어떻게 발전했는지 정확히 알지 못한다. 단지 증명하기 어려운 몇 가지의 추측들을 하고 있을 뿐이다. 그럼에도 당시 중요한 신학사상이 이집트에서 움트고 있었고, 그 움직임에 대해서는 일정량의 정보를 모을 수 있다. 만약 우리가 비기독교적 철학 이야기를 동시에 다룬다면 큰 차이 없이 그 역사를 기술할 수 있을 것이고, 유대교와 그리스도교의 자료로 한정할지라도 상당히 온전한 그림이 나타날 것이다.

알렉산드리아라는 도시는 기원전 332년 혹은 331년 알렉산더 대왕에 의해 건립되었으며 도시명은 왕의 이름을 따서 붙여졌다. 도시 건립의 목적은 전략적이었다. 이집트는 지중해 지역의 가장 큰 밀 곡창지대였으며, 이에 따라 이집트에서 알렉산더 대왕의 모국인 마케도니아까지 밀의 운반을 보장해 줄 수 있는 충분히 크고 안전한 항구가 필요했다. 사실 로마제국이 패망할 때까지 알렉산드리아는 로마로 곡식을 나르는 가장 중요한 항구였다. 이것이 그 도시가 일찍부터 획득한 경제적 번영과 당시의 활기찬 생활상을 설명해 준다. 다른 큰 항구에서처럼 사람들은 여기저기로부터 알렉산드리아로 유입되었고, 자신들의 나라에서 가지고 온 물건 외에도 영적 자산을 함께 들여왔다.

알렉산더 대왕이 죽고 난 뒤, 그의 왕국은 몇 개의 왕조로 나뉘었다. 알렉산드리아는 프톨레미 왕조의 수도로서 왕들의 거주지가 되었으며, 이후 로마제국 지배하에서는 이집트를 통치하는 거점이 되었다. 도시 자체는 헬라 도시들의 유형을 따라 조성되었다. 프톨레미 왕조 후기에는 그리스적 특징들을 잃어 갔으나, 로마인들의 유입으로 회복되었다. 이것은 비그리스인들이 인구의 대부분을 차지하고 있었음을 상기시키는 것으로, 상당수의 이집트인들 외에 유대인들이 살고 있었다. 이러한 인종의 다양성은 도시에서 끊임없이 일어났던 소요에서도 드러난다. 초기의 갈등은 그리스인들과 이집트인 사이에 있던 경쟁심이었지만 기원후 1세기 초에는 유대인과 그리스인의 악감정으로 대체되었으며, 종종 폭력적이었던 갈등 양상은 엄청난 인명피해까지 몰고 왔다. 이 갈등의 심각성을 이해하기 위해서는 유대 세력을 인구 측면에서 고려해야만 한다. 알렉산드리아의 다섯 구역 중 두 구역의 대다수가 유대인들이었다. 알렉산드리아인들은 그들의 불같은 성격과 반항적 기질로 악명 높았을 뿐만 아니라, 부지런함과 이익을 챙기려는 욕심으로도 유명했다.

알렉산드리아는 동시에 그리스 문화의 중심지였다. 그곳에는 개인적인 사업체 혹은 국가의 지원을 받는 수많은 학파들이 있었다. 뮤지엄(Museum)*이 가장 유명했는데, 그것은

---

* 원래 여신 뮤즈를 모신 장소(Musaeum 혹은 Mouseion)를 뜻하는 말이었으나 헬레니즘 시대에 이르러 학문 연구의 중심지를 일컫는 뜻을 갖게 되었다. 부속 기관으로 알렉산드리아의 도서관이 유명하며 이후 박물관(museum)이란 단어의 기원이 된다. ― 역자 주.

학자들로 이루어진 일종의 학문기관이었다. 여기서 고대 세계에 있어 가장 큰 도서관이 발견되었다. 예술과 과학이 번영했으며, 모든 종류의 철학을 대변하는 뛰어난 철학자들이 이곳에 모여 있었다. 이 당시 종교와 철학은 서로에게 격의 없이 다가섰고, 서로 간에 긍정적인 영향을 끼쳤다. 이것이 알렉산드리아를 종교들의 혼합으로 인한 혼합주의의 위대한 도시로 만드는 사상적 배경이 되었다.

종교와 예배의 다양한 형태들이 이곳에 존재하고 있었으나 엄격한 분리는 이루어지지 않았다. 그들은 서로에게서 제의와 신화를 차용했으며, 철학은 이러한 모든 상이한 요소들을 엮어서 하나로 만드는 것을 도왔다. 유대교와 기독교도 이 과정으로부터 자유로울 수 없었으며, 이 혼합주의 운동이 왜 알렉산드리아에서 영지주의가 가장 융성할 수 있었는지를 설명해 준다.

당시 사람들은 이러한 상황을 인식했고 그것으로부터 영향을 받았다. 이것은 하드리안 대제(기원후 117-138년)가 쓰지 않은 것이 확실하지만, 그에 의해 쓰였다고 알려진 편지에서 잘 반영된다.

친애하는 세르비우스,

당신은 나에게 이집트를 아주 높이 칭송했다. 그러나 나는 이집트가 모든 경박한 이야기에 잘 흔들리는 매우 피상적이고 무책임한 나라라고 생각한다. 거기에서는 세라피스 예배자들이 그리스도인들이고, 기독교 예배의 주교라고 불리는 자들이 세라피스 교도들이다. 거기에는 점성가, 점쟁이, 혹은 광대가 아닌 단 한사람의 유대교 회당 감독자나 사마리아 장로 혹은 기독교 장로가 없다. 사람들은 무척이나 반항적이고 교만하며 불의하다. 그러나 도시는 크고 훌륭하며, 화려하다. 그곳에서는 아무도 게으르게 살지 않는다. 어떤 사람들은 유리를 만들고 또 어떤 사람들은 책상을 만들며, 또 다른 사람들은 방직공들이다. 모두가 장인들이고 또 그 일과 관련된 사람들이다. 거기에는 통풍(痛風)으로 힘들어하는 사람들을 위한 일과 시각장애인을 위한 일도 있다. 심지어 손이 마비된 사람들도 할 일을 찾을 수 있다. 그들의 유일한 신은 돈이다. 돈은 그리스도인, 유대인, 이교도 들 모두가 하나같이 예배하는 신이다.

알렉산드리아에서는 다른 종교들과 철학들이 기꺼이 교류

하며 서로에게서 배우기를 원했고, 서로 영향을 끼치기를 바랐다. 그러나 우리는 이러한 혼합주의와 더불어 선교와 변증학도 발견한다. 이것은 어떤 신념이 다른 모든 것들보다 우월하다는 것을 보이기 위해 노력했다는 것을 의미한다. 여기서도 종교와 철학의 밀접한 관계는 영향력을 끼치고 있었다. 이것은 철학이 스스로를 종교로 여겼다는 것이 아니라 종교가 철학적 성찰을 통해 자기를 이해하도록 권유 받았다는 것을 의미한다.

알렉산드리아의 기독교는 이러한 변화를 경험했다. 그러나 이러한 변화는 유대교에서는 이미 발생했다. 우리는 이 과정을 두 가지 이유로 설명해야 한다. 첫째, 유대교의 경험은 이후 기독교에 벌어질 일에 대해 일종의 개요 역할을 한다. 둘째, 유대교와 철학의 접촉을 통한 결과가 초대 교회에 의해 받아들여지고 더욱 발전되었다. 실제로 우리는 같은 움직임의 두 가지 연속적인 단계들을 다루고 있는 것이다.

2. 유대 지혜의 변형

1) 칠십인역

이집트에 있었던 유대교와 그리스 사상의 접촉에 대한 가장 중요한 증거는 칠십인역으로 불리는 구약성서의 번역이다. 칠십을 뜻하는 그 이름은 소위 아리스테아스의 편지로 불리는 책에서 소개된 유대교의 전설에서 기인한다. 프톨레미 2세 필라델포스 왕은 그의 도서관에 유대 율법의 번역서를 두기 원했다. 그는 대제사장 엘리에제에게 열두 지파에서 각각 여섯 명씩 총 일흔 두 명을 번역자로 보내 달라고 부탁했고, 이들은 칠십이일 만에 번역을 끝마쳤다. 유대인들은 곧바로 그들의 손에 선교 사역을 위한 가장 유용한 도구가 들려 있다는 것을 깨달았다. 유대인 필로는, 잠시 후 필로에 대해 면밀히 다루겠지만, 우리에게 칠십인역 번역으로 인한 감사 축제에 대해 다음과 같이 설명해 준다.

그래서 지금까지 해마다 파로스 섬에서 축제가 벌어진다. 이 축제에는 유대인뿐만 아니라 상당한 규모의 군중들이 참석한다.

이들은 이 번역의 빛이 처음 흘러나간 장소를 기념하고, 오래되었지만 이 혜택에 대해 신에게 감사하기 위해 바다를 건너 이곳에 온다. 기도와 감사가 끝나면 어떤 사람들은 바닷가에 세운 천막 안에서 축제 음식을 들고, 또 어떤 사람들은 탁 트인 하늘 아래 모래사장에서 친구와 친척들과 함께 휴식을 취한다. 그들은 동시에 해안을 가장 훌륭한 궁전보다도 더 훌륭한 곳으로 여긴다.

("모세의 삶에 관하여" 2:7, 41)

그리스 성경의 역사는 히브리 성경의 역사와 다르다. 히브리 성경의 정경화가 실제로 끝났을 때 새로운 책들이 그리스 성경에 받아들여졌고, 신적 계시로 여겨졌다. 이것들 중 몇 권은 외경으로 불리며, 오늘날 성경의 부록 편에 위치한다. 외경은 그리스 철학의 문제와 개념을 반영하는 후기 지혜문학에 해당하는 책들을 포함한다. 지금까지 '지혜'라는 단어의 뜻은 변해 왔다. 히브리어로 이 단어는 "하나님이 지켜보는 가운데 살아가기 위한 사려 깊고 일반적인 길 안내"를 뜻했다. 반면 후기 책들에서 "지혜"는 하나님의 율법을 포함하고, 영혼이 하나님에게 나아가는 길을 찾을 수 있는 수단으로서 구원의 길을 제시한다. 그러나 "지혜"는 더 이상 지혜의 교리를 의미하지 않는다. 지혜는 인격적 존재로 바뀌고, 나아가 계시의 중재자로 여겨진다. 이 과정이 기독교 신학 발전에 있어 가장 중요한 것이 된다.

2) 집회서

시락의 아들 예수의 책에서 출발하도록 하자. 이것은 성경에서 집회서로 불리는 책이다.* 이 책은 원저자의 손자에 의해 기원전 132년에 알렉산드리아에서 그리스어로 번역되었다. 저자(혹은 번역자)가 당면한 문제는, 구약성경이 하나님을 묘사할 때도 인간을 묘사할 때처럼 계속해서 신인동형론적인 용어로 기술한다는 점이었다. 이러한 신 이해는 너무나 원시적이어서 히브리 종교와 그리스 철학의 유익한 사상적 교류를 거의 불가능하게 만들었다. 알렉산드리아의 철학이 신의 특징으로 초월성에 오랫동안 사로잡혀 왔기에 철학자들은 계시가 아니고서는 인간이 신에 대한 이해를 가질 수 없다고 주

---

* 영어 성경에는 라틴어 이름을 따 Ecclesiasticus로 표기되어 있다. ― 역자 주.

장했다. 그들의 핵심적 문제는 세상으로부터 멀리 떨어져 초월해 있는 신의 역사(役事)를 상상하고 이해하는 것의 어려움에 있었다. 유대인들은 신인동형론적 이해를 가지고 어떻게 이와 같은 미묘한 질문에 대답할 수 있었을까?

집회서는 하나의 답을 제공한다. 권세들은(Powers) 하나님으로부터 나오고 스스로를 독립적인 존재로 만든다. 이 존재들이 멀리 있는 하나님과 세상 사이에 있는 중재자들이다. 이 존재들 중 첫 번째이자 가장 위대한 존재가 신적 지혜이다. 집회서에는 여전히 지혜를 인격적인 용어로 생각하는 경향을 보이는 초기 작품들의 흔적이 남아 있다. 시락의 아들이 쓴 글은 이러한 사고를 분명히 보여준다.

3 나는 지극히 높으신 분의 입으로부터 나왔으며 안개와 같이 온 땅을 뒤덮었다.

4 나는 높은 하늘에서 살았고

5 나 홀로 높은 하늘을 두루 다녔고 심연의 밑바닥을 거닐었다. 내가 앉는 자리는 구름기둥이다.

9 그분은 시간이 있기 전에 나를 만드셨다. 그런즉 나는 영원히

살 것이다.

[19] 나를 원하는 사람들은 나에게로 와서, 나의 열매를 배불리 먹어라

[20] 나의 추억은 꿀보다 더 달고 나를 소유하는 것은 꿀 송이보다 더 달다.

(집회서 24:3, 9, 19, 공동번역)

3) 솔로몬 지혜서

솔로몬 지혜서는 시락의 아들이 보여준 길에서 한 걸음 더 나간다. 형식적으로 지혜서는 초기 책들과 다르지 않다. 그러나 내용면에서 지혜서의 저자는 이전의 누구보다 더 멀리 나가고 있다. 이 책이 포함한 글모음은 삶의 행동을 위한 현명한 규칙들에 대한 것이 아니라 지혜와 지혜를 찬양하는 송가들이다. 그것들은 지혜의 기능들(functions)에 한정되지 않고 지혜의 본질(nature)에 대한 논의로 이어진다. 이 새로운 특징은 매우 중요하다. 이것은 지혜서 저자의 마음이 더 이상 구약의 세계로 흐르지 않는다는 것을 알려준다. 저자가 지혜를 배우기 원하는 이들에게 금욕적인 삶의 방법을 따라야 한다

고 요구할 때, 그는 이미 성경으로부터 멀리 떠나 그가 논박하는 이교도의 신앙이 보여주는 관점에 가까워졌다는 것을 드러낸다.

이 책의 저작 시기는 확실하지 않다. 다만 사상의 발전 측면에서 이 책이 지금까지 논의한 책들보다는 후대 작품이라는 것을 알 수 있다. 다시 다루게 될 필로보다는 이른 작품으로 기원전 1세기경에 저작된 것으로 추측된다.

이제 우리는 한 본문에 집중하면서 다른 저자들의 본문에서 다룬 주제들을 확인할 것이다.

15 내가 올바로 깨닫고 그대로 말할 수 있게 해주시며 지혜가 가르쳐준 대로 생각할 수 있게 해주시기를 하느님께 빈다. 하느님은 바로 지혜의 인도자이시며 현자들의 지도자이시다.

17 그분은 나에게 만물에 대한 어김없는 지식을 주셔서 세계의 구조와 구성 요소의 힘을 알게 해주셨고

18 시대의 시작과 끝과 중간, 동지, 하지의 구분과 계절의 변화를 알게 해주셨으며

19 해가 바뀌는 것과 별들의 자리를 알게 해주셨고

22 지혜 속에 있는 정신은 영리하며 거룩하고, 유일하면서 다양하며 정묘하다. 그리고 민첩하고 명료하며 맑고 남에게 고통을 주지 않으며 자비롭고 날카로우며

23 강인하고 은혜로우며 인간에게 빛이 된다. 항구하며 확고하고 동요가 없으며 전능하고 모든 것을 살피며 모든 마음과 모든 영리한 자들과 모든 순결한 자들과 가장 정묘한 자들을 꿰뚫어 본다.

27 지혜는 비록 홀로 있지만 모든 것을 할 수 있으며 스스로는 변하지 않으면서 만물을 새롭게 한다. 모든 세대를 통하여 거룩한 사람들의 마음속에 들어가서 그들을 하느님의 벗이 되게 하고 예언자가 되게 한다.

(솔로몬 지혜서 7:15, 17-20, 22-23, 27, 공동번역)

4) 필로

구약성경은 사고(思考)가 아닌 역사라는 측면에서 구원을 이해한다. 솔로몬의 지혜서를 통한 구원 이해는 이미 우리를 구약성경으로부터 상당히 멀리 옮겨놓았다. 만약 우리가 한 발 더 나가게 된다면 유대인 필로를 만나게 된다. 그의 이해는

구약성경에서 발견되는 히브리적 사고와는 더 이상 관련이 없다.

필로는 그리스도 이전 세대에 태어났으며 알렉산드리아의 유력한 가문 출신이었다. 그가 서기 40년 로마 법정에 대사로 갔을 때의 기록에서 자신이 이미 노인이었다고 말한 것으로 미루어 우리는 그의 나이를 어림짐작할 수 있다. 그의 많은 작품들이 보존되었다. 초기 교부들은 자신들이 필로에게 큰 빚을 지고 있다고 생각했기에 그의 작품들을 보존하는 데 앞장섰다. 왜냐하면 필로의 작품들은 교회로 하여금 플라톤 철학의 후기형태인 기독교 철학이 구약성경에 의미를 부여하도록 가르쳤기 때문이다. 이것은 필로가 마술을 걸었기 때문이 아니다. 만약 그가 플라톤 철학의 결론들을 구약성경에서 찾을 수 있었다면, 이것은 성경 이해에 있어 알레고리적 방법의 사용을 통해서 가능했던 것이다.

모든 알레고리적 이해의 기본은 특별영감설이다. 본문이 신의 힘으로 영감되었다고 믿는다면 본문의 의미를 알레고리적으로 이해하는 것은 합리적이다. 필로는 자신과 같은 학파에 속한 성경 주석가들과 함께 성경의 저자들은 성령이 그들에게 받아 적도록 한 것을 정확하게 기록한 예언자들이라는 축자영감설을 전제한다. 이런 전제는 모든 예언자들이 자신만의 고유한 성격과 자유를 유지했다는, 성경에서 그려진 예언자의 모습과는 전혀 다른 것이다. 필로에게 예언자들은 자신들의 의지와 상관없이 하나님의 손에 붙들린 도구에 불과했다.

> 왜냐하면 예언자는 자신의 말을 전혀 하지 않기 때문입니다. 그는 차라리 대변인이며 그분이 전하려는 모든 것을 그의 입에 넣으십니다. 그가 영감을 받을 때면 의식을 잃게 됩니다. 성령님이 들어오시고 그의 거처를 삼으실 때 생각은 사라지고 영혼의 요새를 무너지기 때문입니다. 성령은 예언자들의 성대를 움직여 소리와 말을 하게 하시며, 그 결과 예언자는 성령이 그로 하여금 말하도록 영감을 불어 넣어 준 것을 분명하게 말할 수 있습니다.
>
> ("세부 규정에 관하여" 4:49)

두 번째 알레고리적 해석의 기본 원칙은 인간이 자신의 우둔하고 물질적인 감각들로는 신적이고 영적인 것에 대한 즉

각적인 지식을 얻을 수 없다는 것이다. 진정한 영적 감각은 그것을 왜곡시키는 물질적 덮개로 포장되어 있더라도, 그것을 이해할 수 있다. 인간은 신성하고 투명한 것들이 어떤 방식으로든 보이지 않는다면 결코 그것들을 향해 자신의 관심을 주지 않는다. 이런 이유로 모든 하나님에 대한 지식은 먼저 가려진 채로 인간에게 다가온다. 인간의 일은 껍질을 뚫고 알맹이로, 물질에서 영으로 그 길을 만드는 것이다. 거룩하고 영감으로 기록된 말씀이 하나님에 대한 지식을 인간에게 전해 준다. 그러나 영적인 의미는 대체로 물질적 덮개로 가려져 있다. 그 덮개가 바로 인간이 육체의 눈을 가지고 처음 이해하는 문자적 의미이고, 인간은 문자적 의미로부터 영만이 이해할 수 있는 영적인 의미로 나가야만 한다.

그래서 필로는 성경 안에서 두 가지 의미를 깨닫는다. 문자적 의미와 알레고리적 의미가 그것이다. 필로는 알레고리적 의미가 존재하는지에 대한 진지한 질문은 제기하지 않은 채 그것을 당연시하고 있다. 말씀이 주어진 것은 알레고리적 의미를 위해서였고, 해석자가 해야 할 일은 그 의미를 알기 쉽게 드러내는 것이다. 문자적 의미를 결정하는 것은 훨씬 더 어렵다. 문자적 의미는 그 자체로 긍정적 중요성을 가지는 것인지, 혹은 단순히 그것이 감추고 있는 알레고리적 의미가 이해되면 아무 소용없는 베일에 불과한 것인지 묻게 된다. 필로는 두 번째 입장을 취하는 것 같다. "누가 여성 혹은 어떤 종류의 인간 피조물이 남성의 옆구리에서 나왔다는 것을 상상할 수 있을까?"("우의적 법칙에 관하여", 2:19, cf. 창세기 2:21).

하지만 필로는 성경이 인간에게 항상 숨겨진 의미를 찾도록 요구한다는 사실로부터 성경의 세 번째 의미를 추론한다. 우리가 교육적 의미라고 부르는 이것은 문자적 의미와 알레고리적 의미 사이에 놓여 있다. 교육적 의미는 언어적 의미에서 영적 의미로 가는 도상에 있는 교양인을 안내하고, 교육받지 못한 대중에게는 그들이 받아들일 수 있는 범위 내에서 지식을 전하는 역할을 한다.

이 말씀을 들을 때 어떤 사람들은 지존자께서 격노하고 화를 내는 분이라고 상상한다. 그러나 하나님은 어떤 감정에 흔들리시는 분이 아니다. 분노는 인간의 약점을 드러내는 특징적인 감정이다. 그러나 영혼의 불합리한 욕망과 몸의 마디와 부분들은 하나님과는 아무 관련이 없다. 그럼에도 율법 수여자께서는 그 것들이 기본적 가르침 역할을 할 수 있는 한, 그것들에 대해 말씀 하신다. 어떻게 해도 그 의미를 이해할 수 없는 사람들을 가르치기 위한 목적이시다. 예컨대, 만약 우리가 율법들을 지배적인 명령과 금지(엄밀한 의미에서의 율법들)로 받아들인다면, 우리는 율법의 근원이 되시는 분에 대해 두 가지 안내 지침이 있다는 것을 알게 된다. 첫째는 하나님께서 인간과 다르시다는 것(민 23:19), 둘째는 그분이 인간과 유사하시다는 것(창 1:27)이다. 첫 번째는 가장 확실한 진리로 확인된 것이고, 두 번째는 대부분의 우둔한 사람들의 교육을 목적으로 소개된 것이다.

("하나님의 불변성에 관하여" 11:52ff, cf. 창 6:7)

우리는 알레고리적 이해의 세계가 철저히 가변적인 세계라고 생각하는 경향이 있지만 실상은 그렇지 않다. 그런 이해는 그 세계에 대한 매우 부분적인 그림일 뿐, 사실 해석자는 가변적 이해를 피하기 위해 최선을 다한다.

고대 세계의 철학에서 주제들은 반복적인 이야기와 비유에 연관되어 있다. 하나의 비유를 언급하면 그것과 관련된 다른 비유들이 듣는 이의 마음에 즉각적으로 떠오른다. 그리고 어떤 규칙들은 특정 은유(隱喩)와 연관된 의미들과 함께 점차적으로 형성되었다. 최근의 "심층심리학"에서 사용되는 꿈 이해의 방법론들과 유사한 이 방법론은 필로의 작품에서 지속적으로 나타난다. 야수들은 거의 항상 감각적 열정 혹은 육체적 과정이라는 측면에서 이해되고, 다양한 종류의 동물들과 특별한 감정 혹은 인체와의 관계는 생물학적 관점들을 반영한다. 이러한 현상은 필로의 시대에 일반적으로 받아들여졌다. 유용한 식물들은 덕(德)을, 해로운 식물들은 악(惡)을 의미했고, 남성은 일반적으로 지성을, 여성은 감각적 삶을 대표한다. 숫자의 의미는 실제 사례를 사실적으로 나타내는 것으로, 똑같은 설명이 반복적으로 등장한다.

필로의 하나님 이해는 복잡하다. 우리는 그 안에서 성경적 경건의 기질과, 다시금 철학적 사고에서 나온 특징들을 발견한다. 그러나 많은 결정적인 순간 필로의 사고는 우리가 성경에서 발견하는 히브리적 신 이해가 아닌 그리스 전통에서 기인한다.

　그때 주 하나님께서 말씀하셨다. "인간이 혼자 있는 것이 좋지 않다. 내가 그에게 적합한 돕는 자를 만들 것이다.(창 2:18) 예언자여, 왜 남자가 혼자 있는 것이 좋지 아니한가? 그것은 그분이 말씀하시길, 유일하신 분만이 혼자 계셔야 하고 그것이 선하기 때문이다. 하나님은 홀로 계시고, 한 분이시다. 합쳐진 존재가 아니시고, 홀로 통일된 분이시다. 반면 우리 각자와 모든 피조물은 많은 것들로 이루어진 존재이다. 예를 들면, 나는 하나 안에 많은 것들이다. 나는 영이며 몸이다. 영은 이성과 비이성적 부분으로 구성되고 몸은 다른 요소들, 따뜻함과 차가움, 무거움과 가벼움, 건조함과 습함으로 이루어져 있다. 그러나 하나님은 합쳐진 존재가 아니시다. 그분은 많은 부분으로 이루어지지 않으시고 다른 어떤 것과도 합쳐지지 않으신다. 하나님과 합할 수 있는 것은 하나님보다 더 낫거나 더 나쁘거나 같아야만 하기 때문이다. 그러나 하나님보다 더 낫거나 그분과 같은 것은 아무것도 없다. 그리고 그보다 못한 것은 그 무엇도 그분과 합해질 수 없다. 그렇지 않으면 그분은 지금보다 부족한 존재가 되실 것이고, 이것은 그가 쇠퇴할 수 있다는 것을 의미하게 된다. 이것은 흥미롭다는 것만으로도 죄스러운 생각이다. 그래서 '하나님'은

의미론적으로 한 분이시고 홀로 계신 존재시다. 홀로 계신 존재
가 하나님이시다. 왜냐하면 셀 수 있는 모든 것들이 원래 우주보
다 늦게 나온 것이고 시간도 그렇다. 그러나 하나님은 우주보다
오래되셨고 창조주이시다.

("우의적 법칙에 관하여" 2:1-3)

그리스 철학자들과 구약성경의 저자들은 같은 유일신론자
들이다. 그러나 이것이 하나님과 세계 사이에서 그들이 중재
자의 역할을 하는 것을 방해하지는 않는다. 그들의 목적은 하
나님의 거룩과 물질세계, 혹은 그분의 초월성과 내재성 사이
에 있는 간극을 메우려는 것이다. 우리는 구약성경에 등장하
는 "주님의 천사"와 같은 천사들의 중요성을 떠올리고 지혜에
대한 이해의 발전에 있어 다양한 단계들을 추적해 왔다. 그리
스 철학은 그러한 많은 존재들을 확인했다. 그러나 그들 중 가
장 중요한 것은 로고스, "말씀" 혹은 "이성"이다. 스토아 철학
에서 로고스는 중재자적 존재로 이해되지 않는다. "로고스"는
가장 높은, 하지만 내재적 신으로 "섭리", "창조적 본성" 혹은
"제우스"로 불리는 존재에 대한 이름이다. 로고스는 사실 플

라톤적 사고체계에서 최고의 중재 역할을 맡아 온 존재이고, 필로에게서 로고스는 이후, 특히 기독교 신학에 있어 대단히 중요한 역할을 감당한다.

"여호와는 나의 목자시니, 내가 부족함이 없으리로다." 이 노래는 모든 성도들의 입술에 적합하다. 그러나 특히 우주 자체의 노래로서 더욱 그렇다. 마치 목자가 그의 양떼를 인도하듯이 하나님께서는 위대한 목자 그리고 왕은 땅과 물, 공기와 불 그리고 모든 식물과 동물, 쇠하는 것과 쇠하지 않는 현존하는 모든 것들을…… 의와 율법에 따라 인도하기 때문이다. 그분은 그의 진정한 로고스를 그의 첫 번째 아들로 임명했고 위대한 왕의 대표로서 이 거룩한 양떼를 인도하는 책임을 맡는다……. 그래서 모든 세계, 진정한 하나님의 위대하고 완전한 양떼들로 말하게 하라. "여호와는 나의 목자시니, 내가 부족함이 없으리로다."

("농경에 관하여" 50f)

하나님께서는 한 분이시지만 그분의 최고 권능은 둘이다. 즉, 선(善)과 주권(主權)이 바로 그것이다. 그의 선을 통해 하나님께서 모든 것을 낳으셨고, 그의 주권을 통해 그가 낳으신 것을 통치하신다. 그리고 그 둘 사이에는 그것들을 묶는 제3의 힘이 있다. 그것은 로고스이다. 이성(로고스)을 통해 하나님께서는 통치자이시며 선하시다.

("그룹에 관하여" 27)

우리는 이 마지막 인용으로부터, 필로가 말하는 하나님은 초월자이시기에 세상의 창조자가 될 수 없다는 내용을 배운다. 그분은 중재자를 필요로 하신다. 이 중재자가 로고스인 것이다. 로고스는 하나님과 세계뿐 아니라, 하나님께서 이 세상에서 그분의 일을 행하시는 데 필요한 두 가지 권세 사이를 중재한다. 이 두 가지 권세는 하나님의 창조적 권세와 그분의 통치하는 권세이다. 창조주로서 그분은 "하나님"이라는 이름으로, 통치자로서는 "주님"이란 이름으로 알려져 있다.

(법궤 위 그룹에 관하여 말한다)……
나는 이 두 가지가 진실하신 분의 가장 높고 뛰어난 능력을 상징적 형태로 나타낸다고 주장한다. 이것은 창조적 그리고 통치하는 권세이다. 모든 것을 존재케 하시고 창조하셔서 질서 있게 만드신 그분의 창조적 권세는 "하나님"의 이름에 의해 알려진다. 그러나 창조물을 통치하시고 정의로 꾸준히 다스리시는 그분의 제왕적 권세는 "주님"으로 알려진다. 그분 홀로 진실되시고 창조하셨다. 왜냐하면 그분이 존재하지 않는 것을 가져오셨고 그분은 본래 왕이시기 때문이다. 창조주를 제외하고 아무도 의롭게 피조물들을 통치할 수 없다.

("모세의 삶에 관하여" 2:20, 99)

하나님의 두 권세는 물질을 향하여 직접적으로 행사되지는 않는다. 우리는 이 사이에 다른 중재하는 단계를 넣어야 한다. ― 이것은 어떤 것이 물질적 존재가 되기 전 하나님의 심중에 존재했다는 관념 세계를 말한다.

지금도 우리의 목록이 완성되지 않았다. 이 연결고리 안의 모든 관계는 그것이 있기 전의 상태를 반영한다. 로고스는 하나님을 반영하고, 관념은 로고스를 반영한다. 다음으로 관념은 가시적인 세계에서 드러난다.

지금까지 우리는 하나의 철학적 관념이 다른 관념과 연결

되는 것을 다루었다. 필로의 생각도 다른 곳으로 움직이고 있었으나 전혀 다른 세계로 움직였다. 그 세계는 바로 신비주의 종교들이었다. 이 신비주의는 일군의 오래된 종교들로서, 입회자들이 신과의 친밀한 교제를 갖고, 자발적인 죽음과 신의 능력으로 다시 살아나고, 그리고 언젠가 죽을 운명에서 벗어나는 것을 추구하는 종교들이었다. 필로의 작품들 속에는 연관성을 보이는 많은 신비주의 용어들이 나타난다.

유대인 필로는 왜 그런 용어들을 사용하고 있을까? 이것은 그의 실질적인 관심과 연관되어 있다. 신비주의적 신 이해는 하나님을 향하고 불멸성을 획득하는 길을 찾는 인간의 영혼을 돕는 데 있어 철학적인 신 이해보다 훨씬 더 적용이 쉽다. 철학적 관념이 제공하는 의미를 설명하는 것만으로는 충분하지 않다. 그것은 도덕적 변화의 부르심으로 보완되어야 한다. 지상의 지혜의 딸이며 천상의 지혜의 반영인 덕(德)을 통해서만 하나님과의 관계가 인간에게 가능해진다.

필로가 신비주의 용어를 사용한 데에는 더 깊은 이유가 있다. 필로는 우리를 감싸고 있는 가시적인 세계에 대한 깊은 고민이 있었다. 시간이 지남에 따라 고대 세계의 사상가들은 이 세상에 대해 점점 더 부정적인 견해를 가졌다. 당시에는 하나님의 손에서 시작된 창조의 선함에 대해 믿음을 갖는 것이 더 이상 불가능했다. 일찍이 사람들은 세상의 아름다움, 그 목적에 부합하기, 그리고 그 목적에서 유래된 하나님에 대한 지식에 대해 글을 썼다. 당시에 이러한 가르침이 전적으로 부정된 것은 아니지만, 이것은 가시적인 세계를 가리키는 것이 아니라 비(非)물질적이고 영적인 관념의 세계를 가리키는 것으로 이해되었다.

명확한 구분이 더 높은 세계와 물질의 보이는 세계 사이에 그어졌다. 물질은 영혼을 구속하는 감옥으로, 하나님에 대한 지식을 추구하는 인간을 방해하는 것으로 여겨졌다. 따라서 하나님과의 교제를 통한 축복을 누리기 위해서 인간은 물질로부터 벗어나 지혜를 추구해야만 했다. 하지만 이것은 인간 스스로 할 수 없다. 인간의 영혼은 육체의 어두운 집에 갇혀 있기 때문이다. 그의 눈은 영적인 비전을 가져야만 한다. 이것은 위대한 지도자 모세와 영적인 안내를 통해서 눈 뜨는 깨달음 속에서 위대한 신비로 나타난다. 그러나 일단 인간의 영혼을 감각적인 생활로부터 자유롭게 하는 신비들이 경험되어야 한다.

실제로 필로는 불가능한 일들을 시도하고 있었다. 그는 먼저 그가 세상을 하나님의 선한 창조물로 볼 것인지, 육적 감각의 사용을 하나님께서 인간에게 부여하신 능력으로 볼 것인지, 혹은 이 세상을 향한 관심은 실재(reality)를 떠나 현실(appearance)로 향하는 것을 필히 수반한다고 주장하려는 것인지, 감각의 사용은 실질적인 망상만을 일으킨다고 주장하려는 것인지 결정했어야만 했다.

그러나 필로는 결정할 수 없었고, 결과적으로 모순에 빠지고 말았다. (이브의 경우) 감각을 통해 인간에게 이해를 주신 분은 바로 하나님이시다. 그러나 감각을 사용해서 인간들은 하나님에게서 멀어졌다. 우리는 감각을 하나님의 선물로 말하지만 그것을 신뢰할 수는 없다. 필로는 이 두 가지 상호 배타적인 관점을 메꾸려고 시도했으나 성공하지 못했다. 그는 창조된 세계가 선하다는 것을 주저 없이 단언할 수는 없었다. 왜냐하면 필로는 이 세상을, 인간이 영적인 세계에서 멀어지고 감각의 세계에 자신을 맡기도록 유혹하는 세력의 원천으로 간주했기 때문이다. 이것이 신비주의 종교의 관점을 필로가 받아들인 진짜 이유였다.

그가 한 걸음 더 나갔을 때 창조와 가시적 세계는 그에게 더 이상 문제가 되지 않았다. 세상의 본질이 무엇이든 간에 인간의 의무는 세상으로부터 하나님께로 돌아서는 것이다. 인간은 그가 하나님과 세상 사이에 있다는 것을 깨달아야 한다. 그가 세상으로 가면 하나님에게서 멀어지는 것이고, 그가 세상으로부터 멀어지지 않으면 하나님을 아는 지식에 이를 수 없게 된다.

그러나 더 완벽하고 더 순전한 다른 영이 있다. 위대한 신비로 이끌린 사람의 영이다. 이 영은…… 창조된 모든 것을 넘어선다. 그 결과 그 영은 영원하신 분의 분명한 감명을 받고 스스로 하나님과 그분의 그림자를 받아들인다. 그것은 바로 로고스와 이 세상이다. 이 영은 하나님께서 "자신을 나에게 드러내심으로 나는 당신을 보고서야 알게 됩니다"(출 33:13)라고 고백한 모세이다. 이것의 뜻은 다음과 같다: 당신을 하늘과 땅, 물과 공기 혹은 다른 어떤 피조물을 통해 저에게 드러내지 마소서. 저로 다른 것에 반사된 당신의 이미지를 보는 것이 아니라 하나님이신 당신 안에서 보게 하소서. 피조물을 통해 온 반사는 사라집니다. (만들어진 것이 아니고) 영원하신 분 안에 반사된 것은 영원하고 흔들리지 않으며 영존합니다.

("우의적 법칙에 관하여" 3:100)

우리는 필로가 너무나도 중요한 이 신비주의 용어들을 단순히 은유적 의미로 받아들이지 않았다는 사실을 잊어서는 안 된다. 우리가 그 용어들을 실제적 의미로 번역할 때, 그것이 정말 의미하는 것은 모든 형태로 덕을 실천하고자 하는 실천적 경건이라는 것을 알게 된다. 이것은 부정적으로는 금욕주의와 세상을 포기하는 것, 그리고 좀 더 긍정적으로는 지혜에 대한 성실한 관심을 의미한다. 이는 필로에게 구약성경 연구에 대한 관심을 의미한다. 필로는 자신의 경험에서 나오는 것에 대해서는 거의 말하지 않는다. 그는 단지 여기저기에 금식, 자기 억제, 철야기도 등에 대해서만 암시를 해두었다. 대신 그는 자신의 눈에 모범적인 모습으로 살며 "철학화하는" 어느 공동체에 관해 책 한 권을 남겼다. "이 공동체에 입회하기를 결정한 사람들은 관습에 따라 오는 것이 아니었다. 그들이 이 공동체에 대한 찬사를 들었거나 그 공동체에 가입하라는 권면을 받았기 때문도 아니다. 그들은 천상의 사랑에 묶인 것이고, 그들이 추구하는 것을 바라 볼 때까지 성령의 감동을 받는다." 필로는 그들이 치료자를 뜻하는 "테라퓨타이"(Thera-peutae)라고 불린다고 전했다. 그는 이 단어가 그들이 가졌던 건강과 자신들의 영혼을 치료하기 위한 관심에서 나왔다고 설명한다.

이 테라퓨타이들은 자신들의 가족과 소유를 버렸고 따로 살기를 선택했다. 우리는 초기 교부들이 필로의 이 이야기를 읽고 그것을 초기 그리스도인들에 대한 묘사로 생각했던 이유를 충분히 이해할 수 있다. 필로는 — 비록 그 진술의 역사적 정확성을 확인할 수 없지만 — 테라퓨타이들이 세계 곳곳에 있었으며, 특히 알렉산드리아 근처 마레오티스 호수 근처에 있었다고 주장한다. 이 장소를 선택한 것은 탁월한 것이었다. 기후가 훌륭했고, 상상할 수 있는 모든 종류의 쉼터가 있었기 때문이다. 이곳에서 공동체 구성원들은 따로 구분된 오두막에 살았다. 이곳들 중 한 곳은 "수도원"(monastery)이라고 불리는 거룩한 장소로 표시되었는데, 이곳으로는 어떤 음식도 가져갈 수 없었고 구약성경의 책들만이 허락되었다. 이 곳에서는 하루 종일 책에 대한 연구와 해석이 이루어졌다. 해가 진 이후에야 음식을 먹을 수 있었고, 그 또한 극도의 절제 속에서 먹었다. 일반적으로 매 칠 일마다 절기로 지켰고, 일곱 번째 주의 마지막 주간에는 하루를 정해 특별한 절기로 지켰다. 그 날에는 밤새워 노래와 엄숙한 춤을 계속했다.

이 묘사는 난해한 점이 많아, 당시 종교사에 비추어 테라퓨타이들에 대한 전체적이고 설득력 있는 기술과 설명을 제공하는 것이 어렵다. 필로가 전해 주는 이들에 대한 설명이 믿을 만하다면, 그들은 유대교 분파에 속해 있었던 것이 분명하다. 그러나 이 분파는 일반적으로 이해되어 온 유대교의 예배나 관습으로부터는 멀리 떨어져 있었을 것이다. 이런 공동체의 존재 자체가, 혼합된 기원과 복잡한 정체성을 가진 분파들의 생성이 다른 곳보다 이집트에서 좀 더 용이했음을 잘 보여준다. 더욱이 우리가 알고 있는 이집트의 최초 기독인들 또한 이렇게 섞이고 변하기 쉬운 유형의 공동체들이었다. 영지주의 분파들 또한 다른 지역에도 존재했으나 이집트에 분명히 존재하고 있던 공동체들이었다.

3. 기독교 영지주의 분파들

우리는 이집트에서 기독교가 어떻게 시작되었는지 정확히 모른다. 그러나 복음이 팔레스타인의 해안가 도시들로부터 이집트에 전해졌을 것은 분명하다. 가장 오래된 기록은 아람어를 사용하는 팔레스타인의 그리스도인들과 그리스어를 쓰는는 개종자들 사이에 구분이 있었다는 것을 알려 준다. 후자는 이방인들을 향한 선교사역에 좀 더 우호적이었기에, 복음이 이집트에 전해진 것도 이런 무리에 속한 그리스도인에 의한 것이라는 사실은 분명해 보인다. 후기 전승은 마가가 알렉산드리아 교회의 창시자라고 말하지만 이에 대한 역사적 증거는 없다. 그러나 한 가지 분명한 사실은 소아시아와 로마에 있는 대부분의 교회들이 당시 사상적 흐름으로부터 자신들을 분리시켰다는 것이다.

그러나 이집트의 상황은 달랐다. 여기 교회는 주고받는 것에 모두 열려 있었기에 왕성한 혼합주의로부터 깊은 영향을 받았다. 특히 당시 지중해 연안에 있던 모든 종교에 영향을 끼친 거대한 종교적 움직임에 근본적인 영향을 받았는데, 이것이 바로 영지주의(Gnosticism - 그리스어 gnostikos[아는 것]과 gnosis[지식]에서 기원한 명칭)다.

우리는 이 움직임을 위한 두 가지의 준비 과정을 이미 살펴보았다. 먼저 철학과 종교가 가까워졌다. 철학자들은 인간이 계시 없이는 하나님에 대한 지식을 얻을 수 없다는 것을 인정했기에, 철학은 계시의 근원을 모든 곳에서 찾고 있었다. 어떤 이들은 신에게 영감을 받아 씌었다는 그리스의 고대 시들에서 근원을 찾았고, 다른 이들은 신으로 추앙받는 철학자들에게서 원류를 찾았다. 한 발 더 나아가 그들은 계시로 받아들일 수 있는 하나님의 말씀이, 자국어이든 외국어이든, 존재하는지를 묻게 되었다.

반면 신비주의 종교에 의한 영향도 있었다. 모든 신비주의 종교의 목적은 입회자와 신 사이에 내적 관계를 형성하는 것이었다. 이것은 입회자에게 주어진 특별하고 신비로운 지식을 통해서 이루어졌다. 많은 경우 신과의 합일은 입회자의 눈과 다른 감각들이 눈뜨게 된 다른 종류의 비전으로 이루어졌다. 여기서 우리는 계시에 대한 이해를 만나게 된다. 구원은 특별한 지식이라는 선물을 통해 인간에게 다가온다.

　　알렉산드리아의 초기 교회는 이러한 사고 흐름에 갇혀 있었다. 같은 일이 모든 곳에서 벌어지고 있었지만, 대부분의 경우 교회는 이러한 외부의 영향에 맹렬하게 대항해 자신을 방어했다. 알렉산드리아에는 이러한 방어에 대한 흔적이 거의 없다. 영지주의적 사고에 영향을 받지 않은 기독교 신앙은 최소한 알렉산드리아에서는 교회생활에서 훨씬 적은 역할을 감당했다. 그곳에는 기독교 혼합주의가 갖는 모든 종류의 형태가 있었던 것으로 보인다. 그리스도를 신들 중의 한 분으로 받아들이고 예배하는 이교도적 교제가 있었고, 필로처럼 구약성경에서 찾으려는 것이 아니라 기독교 계시 안에서 플라톤의 신 이해를 확증하려는 철학자들도 있었다. 그리고 그곳에는 혼합종교의 다른 형태들도 많았다. 한 가지를 제외하고 모든 것이 가능했다. 이런 혼합체들 안에서 어떤 것이 기독교 신앙의 본질에 직접적으로 반하는지를 탐지하는 능력이 그것이다. 알렉산드리아 인들은 예수 그리스도께서 지상에서 사시고 모두를 위해 죽으셨던 역사적 인물이라는 역사의 중요성을 이해하지 못했다. 이것은 그들이 사방을 둘러싸고 있는 위험들에 대해 무방비 상태로 놓여 있었다는 것을 의미한다.

그리스인들은 사건들이 단일회적으로 발생한다는 것과 지나간 순간은 돌이킬 수 없다는 사실을 진지하게 받아들이고, 사건들을 의미와 목적을 가지고 발생하는 것으로 보는 역사 이해를 더 이상 발전시키지 못했다. 이러한 현상은 그리스 사상의 절정기에 더욱 그러했다. 그런 관념세계가 무너지기 시작하자, 내재성과 초월성의 간격은 더욱 벌어져 메꿀 수가 없게 되었다. 이 세상에서 벌어지는 모든 일들은 전적으로 무의미하다는 이해가 당연하게 여겨졌다. 인간은 벗어날 수 없는 생사의 끝없는 순환운동 가운데 있고, 이 세상에서 사슬과 감옥을 경험한다. 영지주의 종교의 목적은 사람들에게 자신의 감옥에서 탈출하는 방법을 가르치는 것이다.

여기서 우리는 특히 영지주의 기독교적 형태들을 다루고자 하는데, 이것은 그들이 초대 교회에 중대한 위험을 가져올 수 있었기 때문이다. 기독교적 영지주의는 계시의 주요한 근간으로 구약성경을 삼았다. 우리가 소개했던 생각들과 관점들은 구약성경에서 손쉽게 발견되는 것이 아니라는 것은 분명하다. 필로도 자신의 체계를 구약성경에 완전히 맞출 수는 없었고 다수의 모호함과 불연속성을 견뎌내야만 했다. 그러나 우리가 다루고 있는 영지주의자들은 유대인이 아니다. 그들은 필로에게 많은 불편함을 안겨 준 유대 전통에 대한 어떠한 충성심도 가질 필요가 없었다. 그들은 주어진 본문에서 원래 의미와는 정반대의 의미까지도 읽어낼 수 있는 "영적" 해석을 필로보다 훨씬 더 자유롭게 진행할 수 있었다.

이러한 해석의 예로서 어느 영지주의 선전 문학에서 온 인용문을 소개하려 한다. 여기서 저자는 어느 교양 있는 여성에게 성경 해석을 위한 영지주의 방법론의 기본적 내용을 제공한다.

친애하는 플로라 자매에게,

예전에는 모세에 의해 주어진 율법을 제대로 이해한 사람이 많지 않았습니다. 그들은 율법을 주신 분이나 그분의 율법에 대해 정확한 지식이 없었기 때문입니다. 저는 당신이 이 문제에 대해 상충되는 관점을 고려한다면 이것을 쉽게 이해하리라 생각합니다. 어떤 사람들은 이 율법이 하나님과 성부에 의해 주어졌다고 말하고, 또 다른 사람들은 정반대로 율법이 대적자, 즉 파괴를 가져오는 악마에 의해 주어졌다고 확신합니다. 그들은 악마가 우주를 창조했다고 하고 그것이 창조자이자 모든 존재하는 것들의 아버지라고 말합니다. 비록 다른 방향이지만 모두 틀렸습니다. 둘 다 올바로 판단하지 못했고 그들이 다루고 있는 문제를 제대로 이해하지 못했습니다.

율법이 성부 하나님에 의해 주어지지 않은 것은 너무나 분명합니다. 이것은 그것이 불완전하고 다른 것에 의해 완성된다는 사실에서부터 나옵니다. 더욱이 이것은 존재와 이 하나님의 태도를 따르지 않는 명령들을 포함합니다. 반면에 불의한 적대자가 죄를 없애려는 목적으로 율법을 주었다고 이해하는 것도 불가능합니다. 이런 관점은 주님의 말씀에 따르면 그들의 관점에서 합리적으로 이해하지 못한 자들에 의해서만 주장될 수 있습니다: 그분은 말씀하셨습니다. "도시나 집이 하나로 통일성을 갖지 못하면 견딜 수 없다."

우리는 즉시 모세 오경을 통해 발견되는 율법 전체가 단일한 율법 수여자에 의해 주어진 것이 아니라는 것을 알 수 있습니다. 제 말이 의미하는 것은 하나님 한 분에 의해서만 주어진 것이 아니고 몇몇 율법은 사람들에 의해 소개되었다는 것입니다. 우리 구세주의 말씀은 율법이 세 부분으로 나누어진다고 가르쳐 줍니다. 한 부분은 하나님 자신과 율법 수여자로서 그분의 활동에 속합니다. 또 다른 부분은 모세가 하나님으로부터 율법을 받은 것이 아니라 그 자신의 이해에 의존해 추가한 부분이 있다는 측면에서 모세에게 속합니다. 세 번째 부분은 사람들의 장로들에게 속합니다. 저는 이것이 문제의 상태라는 우리 구세주의 말씀을 어떻게 증명할 수 있는지를 지금 당신에게 설명할 것입니다.

(저자는 이혼의 예를 제시한다. ─ "너희 마음이 완악해졌기에 모세가 아내와 이혼하는 것을 허락했다. 그러나 태초부터 그런 것은 아니었다."(마 19:8), 마가 17:18 (장로들에게 말씀하신다) "너희는 너희의 전통으로 하나님의 말씀을 헛되게 한다." 그는 율법을 세 가지 유형으로 구분한다. (a) 순수하고 더럽혀지지 않은 하나님의 율법, 구세주가 오셔서 완성하기 원한 십계명. (b) 오염된 혼합 율법들, 구세주가 이것들을 폐지하셨다. (c) 구세주가 인식하고 보이는 영역에서 영적이고 보이지 않는 영역으로 끌어올린 전형적이고 상징적인 율법들.)

내가 간단히 요약할 것입니다……. 이것은 하나님을 율법의
수여자라고 정의합니다. 당신이 지금까지의 이야기를 잘 들었다
면, 나는 이미 답이 주어졌다는 것을 당신이 이해하리라 믿습니
다. 내가 당신에게 설명했던 것처럼, 이 율법은 완전하신 하나님
이나 악마에 의해 주어진 것이 아닙니다. ― 악마가 준 것이라는
주장은 말도 안 됩니다. 그러므로 율법의 수여자는 둘과는 다른
존재임에 분명합니다. 그는 이 세계와 그 안에 있는 모든 피조물
의 창조자이고 재단사입니다. 본질적으로 그는 하나님과 악마와
다릅니다. 그는 둘 사이에 존재합니다. 이런 이유로 그는 중재하
는 존재*라고 불리는 것이 맞습니다. 완전하신 하나님은 원래 선
하십니다. ― 우리의 구원자는 그가 계시한 하나님 단 한 분만이
선하시다고 말씀하셨습니다. 적대자는 나쁘고 본질상 악하며 불
의로 특징지어집니다. 만약 그 중재하는 존재가 둘 사이에 서서
선하지도 악하지도 더더욱 불의하지도 않다면, 그는 의로운 자
로 여겨져야만 합니다. 이것은 그분이 자신의 의에 따라 심판하
고 상을 주시는 분이기 때문입니다. 이 신은 완전하신 하나님보

---

* 그리스어의 문자적 의미는 '중간자'이다.

다는 의존적이고, 하나님의 의에 종속됩니다. 그분은 자존하는 분이 아니고, 모든 것들이 향하고 모든 것들이 의존하는 분으로부터 태어났기 때문입니다. 그러나 그분은 적대자보다 더 강하고 능력이 있는 분입니다. 그분은 본성적으로 하나님과 적대자와 다릅니다. 적대자의 본질은 타락과 어둠이고 — 그는 물질로 이루어지고 복합적입니다 — 반면 자존하시는 성부의 본성은 청렴과 빛이시고, 자존하며, 일관되고, 일체적이십니다. 창조주 신의 본성은 이 두 권세의 산물이며, 더 높으신 분의 반영인 것입니다.

친애하는 플로라 자매여, 나는 이 간단한 설명을 당신을 위해 쓰면서 지치지 않습니다……. 이것은 당신에게 훗날 가장 중요한 가치가 될 것입니다. 당신이 평평하고 좋은 밭에 품종 좋은 씨를 뿌린다면, 훗날 이 가르침의 열매들을 거두게 될 것입니다.

("에피파니우스가 보전한 프톨레마이우스가
플로라에게 보낸 편지", 이단들, 33.3-7.)

이런 종류의 가르침은 교양 있는 그리스도인들에게 관심을 끄는 교회의 가르침과 거의 유사한 것이었다. 이것은 그들에게 두 가지를 제공하는 것으로 생각되는데, 하나님으로부터 온 진정한 계시와 당시의 과학적 방법론을 이용한 계시 해석이 그것이다. 기독교의 메시지는 당시 세계의 플라톤적 이해와 조화를 이루며 들어와 있었다.

영지주의자들은 당시 플라톤주의의 형태와 개념으로 기독교 철학을 이해하려고 시도한 유일한 사람들이 아니다. 이것은 기독교 변증가들이 가졌던 관심과도 정확히 일치한다. 그러나 이집트에는 변증가가 없고 영지주의자들만이 있었다. 교회는 영지주의에 대항하며 그들의 철학이 제기한 어려운 질문들을 해결해야 하는 처지였고, 이것은 이후 기독교 교리 발전에서 길을 준비하는 데 있어 영지주의자들이 어떻게 역할을 감당하는지 설명해 준다. 그들의 기독교 신앙은 분명히 당시 교회의 신앙은 아니었다. 그들이 "교회"의 신앙으로부터 벗어난 것은 예수 그리스도에게 주어진 계시의 역사적 특징과 그에게 나타난 유일회적 사건들에 대한 믿음을 유지하지 못했기 때문이다. 변증가들은 이 믿음을 확실히 유지했고, 그래서 교리 발전의 역사에서 자신의 몫을 감당했다. 교회가 교리 면에서 더 큰 발전을 이루게 된 것은 영지주의자들과의 갈등이 있었기 때문이다.

영지주의자들은 역사적 발전의 연장선상에 놓여 있다. 우리는 필로에게서 두 가지 사상적 근원을 보았다. 계시와 신비(신화)가 그것이다. 변증가들은 계시의 이해에서부터 시작했고 기독교적 용어로 계시를 이해하려 했다. 변증가들의 생각은 이후 알렉산드리아의 클레멘트에 의해 이어져 더 큰 발전을 이루고, 영지주의적 사고를 거부하는 데 큰 도움을 주었다. 영지주의자들은 하나님 존재에 대한 질문을 출발점으로 신화적 사고를 발전시키는 데 관심을 기울인다. 양측의 이해는 가장 위대하고 중요한 사상가인 오리겐의 사고 안에서 합쳐진다. 이제 우리는 위의 사상들이 어떻게 기독교적으로 발전하는지 살펴보도록 하자.

제2장
알렉산드리아의 클레멘트
CLEMENT OF ALEXANDRIA

영지주의자와 교부의 공통점은 각자의 신념에 따라 개별적인 가르침을 받아왔다는 것이다. 분명한 것은 학생들의 공동체는 정해진 규칙 가운데 배우고 성장했다는 것이다. 이렇게 개별적인 학교들이 성장하여 유명한 알렉산드리아의 기독교 대학으로 발전되었다. 우리가 사료에서 확인할 수 있는 것은 기독교 대학의 첫 번째 교사가 판테니우스(Pantaenus)라는 것이다. 그는 원래 철학자였으나 기독교인으로 개종했고, 나중에는 뛰어난 교사가 되어 알렉산드리아의 학교에 정착했다. 그의 키운 제자가 바로 클레멘트(Clement)였다.

클레멘트의 연보와 성격은 그의 스승과 비슷하다. 그의 삶에 대해서는 거의 알 수 없지만, 기원후 140-150년 사이에

아테네에서 태어났던 것으로 추정된다. 클레멘트는 같은 곳에 살았던 초기 기독교 변증론의 사상을 받아들여 기독교 신앙을 갖게 되었다. 그는 플라톤 철학에 영향을 받았던 기독교인이다. 신앙을 받아들인 뒤에도 알렉산드리아에서 판테니우스를 만나기 전까지 그는 여전히 뛰어난 철학자들의 삶과 사상에 이끌렸으나, 알렉산드리아에 정착하고 나서는 판테니우스의 가르침에 집중하였다. 그는 자신의 가장 긴 저술인『스토마테이스*Stomateis*(카펫으로 만든 가방)』에서 다음과 같이 쓰고 있다.

"가르침들 중 관심을 끄는 것은 거룩함과 진실이 사람을 빛나게 한다는 것이다. 나는 거룩함과 진실을 들을 수 있는 특권을 얻었다. 어느 날 그리스의 이오니아에서 이탈리아 남부에 있는 시리아인과 이집트인을 만났다. 마침내 나는 처음으로 뛰어난 사람(판테니우스)을 만났다. 내가 이집트인을 만났을 때, 그는 예언자와 사도 들의 지혜가 있는 들판의 꽃과 잎에서 꿀을 얻는 시칠리아 벌 같았다. 그는 풍부한 지식을 발견할 수 있는 영성을 설명하였다.

하나님의 도움으로 그 사람은 베드로, 야고보, 요한, 바울의 입에서 직접 나왔던 거룩한 문헌의 진수를 나에게 주었다. 마치 아버지가 자식에게 무엇인가를 주듯이……. 그 가르침들은 영적인 선조와 사도의 교훈으로 우리 마음속에 심겨졌다."

(Stomateis 1:11. 1-3)

판테니우스가 죽은 뒤, 클레멘트는 그의 사상을 따랐고 그를 스승으로 섬겼다. 클레멘트의 목표는 필로(Philo)로부터 오리겐(Origen)에 이르는 알렉산드리아 학풍을 변함없이 계승하는 것으로, 성경의 가르침을 과학적인 방법과 비판적인 관점으로 체계적으로 정리하여 철학적 해석으로 접근하는 것이었다. 클레멘트는 특히 당대의 교회교부들에게 엄청난 지식을 사사 받았던 몇 안 되는 학자로서, 이러한 과제를 수행하는 데 있어 더 없이 적합했다. 클레멘트가 말하는 것은 과장이 아니었다. 클레멘트는 실재로 의지가 있었을 뿐 아니라 철학과 신학을 가깝게 만든 최초의 사람이었다. 준비된 노련함, 철학, 기독교 신앙의 영성은 교육의 3단계를 나타냈고, 이 3단계를 통해서 사람은 지혜의 높은 정상에 이르게 된다.

알렉산드리아는 영지주의가 번성했던 곳이다. 그렇게 영지적인 존재가 난무했던 도시에서 클레멘트가 자신의 계획과 목표를 달성하기는 상당히 힘들었을 것으로 생각된다. 클레멘트는 기독교 교회에서 중요한 일을 맡고 있는 사람이 영지주의 사상에 물들어 있는 것을 흔히 보았을 것이고, 이를 정화시키기 위하여 열심히 설교를 해야 했다. 영지주의의 영향은 신학교육의 모든 가르침을 의심하도록 만들었다. 클레멘트의 사역은 기독교인의 삶에 있어 교회의 교리에 충성하고 그 배움을 나누어 준다는 2가지 핵심 내용을, 충직한 기독교인과 영지주의자에 물들었던 기독교인에게 가르치는 것이었다. 당시 기독교인들이 완전한 지혜를 추구하고자 스토아의 철학적인 방법에 의지했듯이, 클레멘트는 영지주의적 삶을 살고 있는 기독교인들에게 그리스도 자신이 신성의 비밀에 깊이 다가갔던 경험을 적용하고자 하였다.

클레멘트는 힘든 사역을 하면서 이를 글로 남겼다. 그가 적었던 내용 중 반 이상이 유실되었지만, 남아 있는 세 가지 작품의 핵심적인 의미는 충분히 담고 있다고 생각된다.

1. *The Protreptikos*(이교인들에 대한 권고). 이 저술에서 클레멘트는 우리가 이미 언급했던 내용을 이교인의 문서체계(그리스 철학)와 유사한 형태로 기술하고자 하였다. 이 문서는 하나의 신앙을 가진 독자와 그렇지 않는 독자를 설득하는 것을 목표로 한다. 자연스러운 접근방법으로 이교도인들이 현재 상황에서 결여된 단점과 장점을 설명한다. 클레멘트는 신에 대한 철학적 이해와 신비스러운 의식행위들, 도덕적 순수성이 결여되고 이성적인 이해가 강한 이교도들에게 기독교 교리의 순수성을 비교하며 기술한다. 이 문서의 끝부분에서 클레멘트는 다음과 같이 다급하게 주장하고 있다.

"지금 나는 충분히 주장했다고 생각합니다. 순전히 호의적으로 쓰이지 않았더라도 나는 하나님에게 받았던 가장 큰 축복과 구원을 여러분에게 전해 주기 위해 긴 글을 썼습니다. 이 글은 삶이란 어떤 상황에서도 절대로 끝나지 않고 끝내지 않으려고 하는 성향이 있다는 것을 소개하였습니다. 지금 단 한 가지, 마지막 당신에게 남아 있는 한 가지 선택은 당신에게 가장 큰 축복을 가져다 줄 것입니다. 은총과 심판 중 어떤 것을 선택하겠습니까?

내가 보기에는 파멸에 이르는 삶과 비교할 때 두 가지 중 어떤 것이 더 좋은지 선택하는 데에 망설이는 사람은 없을 겁니다."

2. 이 저술 *Paidagogos*(교육자)는 즉시 해야 하는 내용을 담고 있다. 클레멘트는 이글을 읽는 사람들을 명시하기를 *The Protreptikos*(이교도들에 대한 권고)를 먼저 배웠던 사람, 즉 개종한 초신자라고 가정했다. 클레멘트는 개종한 자들이 새로운 삶을 살기 위해 도덕적인 가르침을 배울 것을 요구했다.

세 개의 책 중 한 권에서 클레멘트는 인자함과 엄격함이 조화를 이루며 신성한 말씀을 가르치는 자로서, 그리스도의 일반적인 모습 서술하고 있다. 나머지 두 권은 성서와 스토아 교훈들을 매우 적절히 조화시켜 매일의 삶 가운데 지켜야 할 12개의 규칙들을 설명하고 있다. 그리고 어떤 것은 해도 되고 어떤 것은 해서는 안 되는지, 절제하는 삶을 가르치고 있다. 이 저술은 그리스도를 교사로 찬양하며 끝맺는다.

성인들의 왕,

모든 세계를 다스리는 가장 높은 아버지, 지혜의 왕자, 모든

힘보다 강한, 충만하게 가득 찬 영원한 기쁨,

　죽음에서 구원하는 예수,

　목자, 농부처럼, 겸손한 자, 거룩한 모든 무리들의 천상의 날
개,

　적대적인, 부정적인 바다로부터 사람을 구원하는 어부.

　다시 노래를 부르자.

　순수한 노래, 완전한 노래, 왕이신 그리스도께

　거룩함은 교훈을 따르는 자에게 나타난다네.

　우리를 전지전능한 아들과 일치하게 하자.

　그리스도를 위해 존재하는 자들은 진리의 전설을 노래하는
평화의 합창단

　함께 노래하자. 평화의 하나님을.

(클레멘트, Paidagogos, 결론부)

3. *The Stromateis*(양탄자) 우리는 클레멘트가 사역했던 변
증, 윤리, 기독교 교훈들이 세 번째 책에 있을 것으로 기대할
지 모른다. 하지만 세 번째 책의 내용은 우리가 했던 예상과
다르다. 특히, 교훈을 담고 있는 내용은 쓰이지도, 실려 있지

도 않다. 우리 예상과 달리 클레멘트는 주제와 상관없는 내용을 기록하고 있다. 하지만, 책은 분명한 목적을 가지고 있다. 총 7권으로 구성된 책 중 첫 두 번째 책 혹은 세 번째 책은 이방 철학과 기독교 사상의 유사점을 중심으로 전개하고 있다. 뒤에 저술한 책에서 클레멘트는 "참된 영지주의"가 무엇인지, 지혜로운 기독교인들이 이단적이고 잘못된 영지주의 사상을 참된 지혜와 구분할 수 있도록 자세히 언급하고 있다.

우리가 예상했던 것과 다른 내용으로 몰고 가는 인상을 주지만, 이 뛰어난 작업을 시도했던 클레멘트는 자신의 철학적인 사유를 독자와 나누고자 했던 듯싶다. 하지만 『양탄자』는 우리가 앞서 살펴본 문서들보다 기독교적인 성격에 가깝다. 클레멘트는 이 책을 읽는 대상을 이교도로 하지 않고 새롭게 신앙을 받아들인 기독교인을 위해서 썼다. 그는 기독교인이 성장해야 하고, 그러기를 바라는 마음에서 그 비결을 길게 작성한 것이다.

4. 클레멘트의 짧은 문서 *Quis Dives Salvetur?*(구원을 받은 부유한 자는 누구인가?)를 간단히 언급하고자 한다. 그리스도의

말씀 "가지고 있는 모든 것을 팔아라"는 모든 경우에 단순히 문자적으로 적용되는 것이 아니다.

가난을 해결하기 위해서는 가난 자체에 초점을 맞추는 것은 바람직하지 않다. 더군다나 영원한 삶을 추구하기 위해서 가난이 받아들여야 하는 것은 아니다. (만약 그렇지 않으며, 길가에 사는 거지처럼 매일 식사를 마련하기 위해 비굴하게 간청하듯이 정말로 가난한 삶을 살아야 한다. 어쩌면 행복하게 지낼 수도 있지만, 사랑스러운 하나님의 자녀들은 현실에서의 힘든 고통 때문에 하나님이 없다고 생각할 수도 있을 뿐더러 하나님의 의가 나타나지 않는다고 생각할 수도 있을 것이다. 영원한 삶을 얻기 위해 그들은 모든 소유를 포기해야 하고, 스스로 돈을 벌어서도 안 된다.) 부를 포기하라는 것은 이해하기 힘든 어려운 말씀은 아니다. 가난을 이해하고 아버지 땅에 들어가기 위해서는 우리가 구원을 얻기 전에 많은 것을 해야 한다. 내용의 이해를 위해 잊혀진 철학세계를 많이 연구해야 한다. 그러지 않으면 허영과 없어질 영광이 있을 것이다.

(Quis dives salvetur 11)

매우 명확하다. 구원이 요구하는 것은 어디에나 있는 욕망을 없애는 것이고, 사랑하라는 명령을 위해 적극적으로 실천하는 것이다. 이 짧은 문서는 우리에게 다시 회개하라고 외친다. 클레멘트는 잘 알려진 성 요한과 도둑 두목 이야기를 설명하고 있다.

지금은 들었던 이야기든 듣지 않았던 이야기든 요한 사도에 관한 잊혀지지 않았던 사실을 기록하려고 합니다.

황제의 죽음 뒤에 요한은 감금된 파트모스 섬에서 나와 에베소로 되돌아갔습니다. 그는 주교에게 초대되어 약속된 장소에 이르렀습니다. 사제직을 받으려는 사람들이 몰려왔습니다. 그곳에 이르렀을 때, 잘 생기고 건강해 보이는 젊은이가 성벽에서 구걸을 하고 있었습니다. 요한은 주교에게 말했습니다. "나는 이 젊은 사람을 그리스도의 증인과 교회의 일꾼으로서 당신에게 추천하고 싶습니다." 그 주교는 젊은 사람을 집으로 데려왔고 보살피고 양육시켜 세례를 주게 되었습니다. 주교는 그의 양육을 얼마간 방치했습니다. 젊은이는 보호와 관심에서 벗어나 게으르고 방종하게 되어 사악한 길로 접어들게 됩니다. 처음에 젊은이는 쾌락의 축제를 통해 잘못된 길로 접어들게 되었고 도둑들이 밤 중 강도짓을 위해 젊은이를 데리고 갔습니다. 그리고 도둑들은 이보다 더 나쁜 일도 시키게 되었습니다. 그 젊은이는 도둑의 삶에 익숙해지기 시작했습니다. 지금은 신앙에서 완전히 돌아섰고 하나님이 주시는 구원조차도 버렸습니다. 젊은이는 다른 사람을 데리고 강도무리를 형성했습니다. 젊은이는 그 무리의 지도자가 되었고 가장 잔인하고 살인을 저지르는 범죄를 일삼았습니다.

시간이 지난 뒤에 교회는 요한 사도를 다시 초대했습니다. 그가 교회에 가서 주교에게 말했습니다. "제가 전에 맡겨 놓았던 것을 다시 돌려주십시오." 그 순간 주교는 돈을 말하는 줄 알고서 놀랐습니다. 그러나 그가 생각이 나기를, 굉장히 어려워하면서 고심하다가 말했습니다. "그는 죽었습니다." 그러자 요한이 "언제 어떻게 그가 죽었소?"라고 묻자 주교는 "그는 간단히 말해 나쁜 길로 돌아섰으며 강도가 되었습니다. 교회를 떠나 산속으로 들어갔습니다. 그는 스스로 나쁜 길로 접어들었습니다."

요한 사도는 주교의 옷을 빌렸고 머리를 치면서 큰소리로 울었습니다. 말하기를 "좋은 인도자인 당신은 형제의 영혼을 데리고 있었습니다. 하지만 나에게 책임이 있으니, 젊은이가 어디에 있는지 가르쳐 주시오." 요한은 교회를 나가 젊은이가 있는 장소에 이르렀을 때, 도둑의 보초병에게 잡혔습니다. 그러나 도망가려고 하지 않았습니다. 그는 저항하지도 않았습니다. 그가 말하기를 "내가 여기 온 이유는 당신들의 두목을 만나려고 왔으니, 나를 데려다 주시오." 두목은 거기 있었고 결박된 요한에게 다가갔습니다. 그 두목이 붙잡힌 요한을 보았을 때, 부끄러워 그의 신을 벗어 달아났습니다. 사도 요한은 가능한 한 빠르게 그를 쫓아갔고 울면서 부르짖었습니다. "내 자녀야 왜 너는 늙은 아비를 버리고 도망가느냐? 누가 너에게 자유를 주는지 아느냐? 나를 용서해 다오, 나의 아들아, 두려워하지 말거라. 아직 너의 삶에는 희망이 있다. 내가 너를 향한 그리스도의 계획을 알려주려고 한다. 그리스도가 나를 위해 목숨을 내어 주듯, 내 삶을 너를 위해 희생한다면 매우 기쁠 것이다. 멈추어 서라, 나를 보내신 그리스도를 믿어라." 그 젊은이는 이 외침을 들었고, 그 자리에 멈추었습니다. 그런 다음 그는 그의 무기들을 던져버렸습니다. 그는 매우 떨며 고통의 눈물을 흘렸습니다. 그는 늙은 요한에게 다가가, 껴안고 울음을 통해 회개하고 눈물로서 두 번째 세례를 받게 되었지만, 오른손을 드러내지 않고 감추었습니다. 늙은이는 그에게 약속하기를 지금도 구세주에게 용서를 구할 수 있다. 이미 그의 회개로 깨끗함을 받았음에도 젊은이는 요한에게 무릎을 꿇고 요한의 오른손에 입을 맞추었습니다. 그리고 요한은 교회로 젊은이를 데리고 왔고, 회개의 놀라운 사건을 증거했습니다. 다시 새롭게 태어났던 놀라운 사건과 증거는 구원이라는 상을 받게 됩니다.

(Quis dives Salvetur 42, 요약 번역 — 저자)

믿음과 지식

클레멘트는 우리가 아는 대로 변증가들의 관점으로 철학적인 방법을 적용하고자 하였다. 클레멘트의 주된 관심은 철학과 같은 방식으로 기독교를 설명하는 것이었다. 우리는 주된 관심이 예언된 하나님의 말씀이다, 다시 말해 이러한 말씀을 신성한 말씀으로 간주할 때 철학과 신학의 기초를 계시적인 원리로 이해했다. 이 원리처럼 클레멘트는 유스티누스(Justin)가 앞서 언급한 내용, 즉 그리스 철학의 목적이 주가 오기 전에 그의 길을 예비하고 준비하는 역할로 생각했다.

주의 가르침이 있기 전에 정의를 찾는 방법으로서 그리스 철학이 필요했다. 지금 철학은 신앙심을 키우는 데 굉장히 유용한 방법이다. (나타나는 증거를 통해 믿음을 받아들이기 위해서는 기초교육과 같은 것이 있어야 한다.) …… "너의 발이 걸려 넘어지지 않도록 하겠다"(잠언 3:23)는 말은, 그리스인이든지 기독교인이든지 선한 일들을 모두 신의 섭리로 받아들인다면 신이 모든 선한 것의 근원이 된다는 것이다. 그러나 어느 경우에는 하나님은 직접 일하시는데, 그것은 구약과 신약에 나타난다. 간접적으로 일하시는 경우에는 철학을 통한 것이다. …… 철학은 그리스인들에게 오시는 그리스도를 이해할 수 있도록 교육시켰다. 같은 방식으로 율법은 히브리인들을 교육시켰다. 그래서 철학은 방법적인 면에서 그리스도에 의해 만들어진 완벽한 준비자이다.

(The Stromateis 1:28, 1-3)

율법과 철학이 전달하고자하는 것은 신성한 말씀이다. 클레멘트는 철학을 변증자로서 생각했다. 클레멘트는 영지주의에 대하여 변증하였던 동시에 그 자신이 변증을 하는 데 앞장섰다. 이것은 기독교 공동체에게 심오한 영향을 주었다. 영지주의의 주요사상인 천상의 지혜는 이단적이고 비기독교적인 대표적인 요소이다. 클레멘트는 믿음과 지혜의 관계를 분명하게 드러냄으로 기독교 교회를 구하는 책임을 떠맡았다. 사람이 어느 대상에 대하여 지식을 가진 다음에 자연스럽게 믿음을 가지는 것과 같다

건강한 눈으로 빛을 볼 수 있고, 손으로 잡을 수 있다는 것은 자연스러운 것이다. 마찬가지로 앎이 있은 뒤에 믿음을 가지는 것은 자연스러운 일이다. 마치 사람이 집을 짓는 것을 완성하고자 하는데 금, 은처럼 가치 있는 돌을 올리기 위해 기초공사를 해야 하는 것과 같다. 그러나 사람이 바라는 것을 이루는 것은 결코 쉽지만은 않을 것이다. 사람이 이미 집짓기를 시작했으나 의도하고자 하는 대로 계획들이 되는 경우는 없다. 그러나 깨달음과 풍부한 지식을 가지고 충직한 열정으로 일해야 한다. 단순히 말로서가 아니라, 실제로 손으로 일을 해야 한다.

(The Stromateis 6:152)

믿음은 지식을 기반으로 지어진다. 믿음은 이미 그것 자체

에 지식을 가지고 있다. 이제야 지식은 믿음을 깊게 이해하게 하고 믿음의 신비를 지적으로 통찰하게 한다. 신비 종교와 영지주의 체제에 있는 모든 표현은 천상의 빛의 세계에 영혼이 여행하는 것을 표현하고 있다. 또한 믿음에서 지식으로 이르는 여행 기간 동안에 변화될 수 있다고 한다. 이에 클레멘트는 강하게 경고했다. 단순히 믿음을 가진 자는 지적인 능력을 만들 수 있을지 몰라도 믿음을 가지고 단순히 받아들였던 나머지 내용들은 지식으로 이해될 수 없다는 것이다. 그는 받아들이는 능력으로서 이해의 과정 같은 것을 필히 거쳐야 한다는 것이다. 클레멘트는 영지주의자들과 달리 사람의 지식보다 낮은 가치로서 믿음을 취급하지 말아야 한다고 경고한다.

개인과 교회

믿음과 지혜의 관계가 매우 밀접하게 된 이후 진정한 지혜는 교회에서만 발견되었다. 이단은 이를 단호하게 부정하였다. 클레멘트는 오래전부터 지상에 있는 교회와 대조되는 것으로 나중에 생긴 이단을 미숙한 것으로 간주하여 논쟁했다.

그러나 그와 같은 논쟁은 확실히 납득되지 않았다. 그래서 클레멘트는 하나의 신 위에 하나로 일치되는 교회를 근거로 논쟁을 준비했다.

세상에는 하나님 한 분만이 있다. 그리고 가장 존귀한 교회는 확실히 일치되어야 한다. 원래 하나라는 것이 표현하고자 하는 것은 교회 또한 본래 하나였다는 것이다. 교회는 사람들이 맹렬히 다양한 분파로 나누어졌지만, 하나의 교회는 일치되는 믿음으로 다시 모일 수 있다. …… 하나님 한 분의 뜻을 따르는 자는 이미 정해졌다. …… 그리고 교회의 초월성은 교회가 존재하는 근본이 하나이기 때문에 일치라는 선상에 놓여 있다. 교회는 다른 것 모두를 초월하기 때문에 교회와 비슷하거나 같은 것은 아무것도 없다.

(*The Stromateis* 7:107.2-6)

클레멘트는 교회를 가장 높은 곳에 위치한다고 정의한다. 교회에 대하여 모든 것을 말하지 않았지만, 그의 글은 분명한 요지가 있다. 진짜 "영지주의"는 각각 따로 존재한다는 것이다. 영지주의는 교회에서 성도로 있는 것보다 자신의 신, 자신만의 장소에 있는 경향이 많다. 만약 영지주의가 형제자매 공동체에 들어가려면 이단적이고, 영지주의적인 영감을 받아 분파에 들어가야 한다. 분파에 들어가기 위해서는 그가 스스로 알았던 비밀스러운 지식을 설명할 수 있어야 하며 영지적인 그림은 이단적인 영지주의 분파들끼리 같은 모양의 그림이어야 한다. 영지주의자가 영지주의가 되기 위해서는 비밀스러운 지식을 전달받아야 하는 모순이 있다고 하였다. 하지만 이 문서에서 클레멘트는 천상의 계급과 신과의 합일점만 언급하고 있지, 교회의 정의에 대하여 충분히 말하지 않고 있다.

일정한 통제하에 열정이 있는 자는 자유를 향해 단계별로 올라가야 하며 천사처럼 "영지주의"의 완벽하고 덕 있는 삶에 도달해야 한다. 의로운 지식을 가지고 있는 사도처럼 그는 거룩한 곳에 거하시는 하나님 사랑을 통해 위로 올라가기 위해서 노력해야 한다. 사도는 그리스도에 의하여 칭해지는 명칭이다. 사도가 되지 못하는 자는 그들의 본성에 초월적인 무엇인가가 있기 때문이다. 유대인은 사도와 함께 칭함을 받았다. 유대인은 사도가 된 적이 있었다. 왜냐하면 하나님이 제자들을 부를 때 유대인도 포함하였기 때문이다. …… 그래서 주님의 부름에 귀 기울이는 자와 완전한 복음과 진정한 지혜를 따르는 자는 지금이라도 사도들처럼 될 수 있다. …… 내가 생각하기에 지상의 교회에 있는 주교, 장로, 권사는 구원의 자애, 천사들의 영광이 반영된 것이다. 말씀에 따르는 자, 사도들의 모범을 따르는 자는 복음에 따르는 완전한 의로운 삶을 살게 된다.

(The Stromateis 6:105ff.)

완전한 지혜에 이르는 길

클레멘트가 말하는 지혜는 무엇인가? 그가 말하고자 하는 것은 무엇인가? 지식은 대부분 감추어져 있고 모든 것을 알기 위해서는 확실한 상황들이 주어진 상황에서만 가능하다. 육체적인 것에서 돌아와서 영적인 왕국에 이르기 위해서는 진정한 가르침을 가지고 있는 선생을 만나야 하는 운도 따라야 한다. 클레멘트는 비밀스럽고 일정한 조건을 갖추어 지혜를 전달하는 고대 철학학교를 가리키고 있다.

피타고라스와 플라톤은 많은 비밀을 가지고 있다. 에피쿠로스 출신들이 말하기를 에피쿠로스 학파의 많은 가르침은 비밀이었다. 그들은 모든 이들에게 읽고 쓰거나 하는 것을 허락하지 않았다. 스토아 또한 말하기를 제논 학파는 증거를 가지고 철학적인 고심을 할 때까지 학생들에게 기꺼이 책을 보여주지 않았다는 것을 기록하였다. 아리스토텔레스를 따르는 자들이 말하기를 아리스토텔레스의 몇몇 중요한 글은 가장 가까이에 있는 제자만이 접근할 수 있고 나머지 글들은 모든 이에게 공개되어 학교에 몸담고 있지 않는 자들도 접근할 수 있었다. 신비주의를 만든 사람들도 역시 철학자들이었다. 하지만, 신비적인 형태에 숨겨져 신비주의를 따르는 자들은 모든 것을 이해할 수 없었다. 지혜를 수용하지 못하는 것을 방지하기 위해 더 이상 거룩하게 계시된 비전을 감추어서는 안 된다. 완전한 지혜를 왜 감추는가?

(The Stromateis 5:56-8)

클레멘트는 기독교인, 유대인, 이방인 사이에서 신성한 가르침이 숨겨지고 드러났던 것을 하나의 예를 들어 설명하고 있다. 한 가지 확실한 것은 클레멘트가 사람이 신성한 진리와 관계되는 표현으로 하나님의 은혜로운 선택, "은총"이라는 단어를 사용했다는 것이다. 이 단어는 서방의 철학자들의 귀에 낯설었다. 클레멘트의 관점에서 살펴본다면 은총은 죄에서 구원하는 것. 지혜를 선택하는 것이라는 의미는 아니다. 이 지혜는 그들이 선하게 될 것이라는 하나님의 예비적인 지혜이다.

우리가 앞서 언급했지만, 이 지혜를 얻는 방법에는 두 가지 어려운 요소가 있다. 첫째는 단순하게 지혜 자체가 베일에 가려져 있고 숨겨져 있는 현상이다. 둘째는 사람의 불완전함에서 나온 지혜이다. 전자의 문제를 해결하는 방법은 지식을 가르치는 방법이다. 지식을 조금씩, 한 단계씩 가르치는 것이다. 기초적인 지식과 완벽한 곳에 이르는 지혜 사이에는 상당한 차이가 있기에 단계적으로 발전하는 과정을 밟아야 한다. 후자는 인간이 하나님의 지식을 얻고자 한다면, 반드시 그의 육적인 것을 포기해야 한다는 것이다. 영혼이 점차 완전한 곳에 이르기 위해서는 지루하고 긴 과정을 거쳐야 하고 때로는 자기 자신을 부정해야 한다.

플라톤은 출판된 두 번째 책에서 "우리는 신에게 새끼 돼지를 희생시키지 않고 뭔가 굉장한 것을 드려야 한다는 것은 어려운 일이다"라고 했다. 우리는 하나님 앞에선 우리 자신을 생각해 보아야 한다. 사도가 말하기를 "그리스도는 우리 유월절에 희생된 양이다"(고린도전서 5:7) 그리고 하나님의 아들이 오셔서 진실로 희생되셨다(요한복음 17:19). 이제 하나님께서 가장 기뻐하시는 제물은 육체가 아닌 영혼을 드리는 것과 헌신을 다해 드리는 것이다. 이것이 하나님께 예배하는 것이다. 소크라테스는 여러 이유로 죽음의 준비를 철학적으로 말했다. 피타고라스는 지각을 버리고 정신적으로 신을 보기 위해 5년간을 침묵 속에 있었다. 그리스의 주요한 철학적인 사상가들은 그들의 철학을 모세에게서 배웠다. 불타는 제물을 드리는 것은 숨겼던 조각을 나타나게 하는 것이었다. 그래서 지혜를 구하고자 하는 영혼은 육체적인 감각을 버려야 하고, 순수한 빛으로 가기 위해서 그의 욕망을 제거해야 한다.

(The Stromateis 5:65.1-68.3)

클레멘트가 여기서 금욕주의처럼 욕망을 제거하라고 요구

했던 것은 좋지 못한 방법이다. 구하고자 하는 욕심이 지혜(영지주의)를 추구하는 것처럼 될 수 있기 때문이다. 구하고자 하는 욕구는 사람에게 있는 본능이다. 신은 육체가 없다. 그러므로 신은 감각적인 개념 중 어떤 육체적인 욕구를 알 수 없다. 신은 단순히 순수한 생각에 의해서만 육체적인 욕구를 알 수 있다. 그러므로 이념으로 접근하고자 하는 것은 육체가 함께 고려되어야 한다. 간단히, 어떤 대상에 대하여 지식을 얻고자 한다면 대상을 이해하는 것을 통해 가능하다는 것이다. 클레멘트의 주장대로라면 사람이 신을 알기 위해서는 신처럼 되어야 한다. 사람은 신에게 도달해야만 한다. 다시 인간처럼 되돌아온다면 신을 절대로 찾을 수 없게 될 것이다.

완전한 지혜에 이르는 방법은 몇 가지 단어로 표현될 수도 있지만 길고 정교한 작업을 거쳐야 한다는 것은 그리 놀랄 일도 아니다. 초기에 배우는 학생들은 그의 선생의 가르침을 따라야만 한다. 그러나 마지막에 이르렀을 때에는 학생은 그의 스승을 떠난다. 이러한 배움의 과정과 신비 종교에서 이해되는 영혼이 떠나서 올라가는 단계 사이에는 외형적인 유사함이 존재한다. 다음 글을 통해 영혼 위에 신이 직접적인 계시로

임재하였던 진정한 신비주의를 살펴보고자 한다.

　　분명하게도 그리스인들이 정결하게 하는 의식과 비그리스인들이 깨끗하게 하려는 것 사이에 신비적인 요소들이 존재한다. 몇 명의 신비주의자는 훈계나 가르침을 따르는 훈련을 준비한다. 그러나 위대한 신비주의자들은 전체적인 것을 살피려고 한다. 즉, 단순히 배우는 것 외에 배울 수 없는 것을 염두 한다. 즉 실체의 본연 깊은 곳을 이해하고 찾고자 하는 것이다.

　　우리는 죄의 고백을 통해서 순수해지는 단계로 올라서야 한다. 그다음 우리는 가르침의 단계에 올라가야 한다. …… 그다음 우리는 육체적인 본능으로부터 벗어나 깊은 곳까지 확장하여 없애야 한다. 그다음 넓게 확장한 결과 이를 오랫동안 지속시켜야 한다. 그다음 남아 있어야 하는 핵심적인 것은 말하고자 하는 것과 행동이 일치되는 삶이다. 우리가 이러한 일치마저 없애버리려고 할 때 사상적 일치만이 존재한다. 그래서 우리는 육체에 속한 모든 것을 버려야 한다(육체가 없는 상태에 속해 있는 것과 같다). 우리는 우리 자신을 위대한 그리스도와 연합시켜야 하고, 거룩한 방법으로 영원한 곳을 향해 나가야 한다. 그러면 우리는 전지전능한 것을 느끼고 무언가가 근처에 있음을 구체적으로 느끼게 되며, 신의 존재, 신의 정체를 판단할 수 있을 것이다. 우리는 그 과정에서 신에 대하여 배우고 표현했던 형태, 태도, 편견, 장소를 우리 자신에게 정지시키지 말아야 한다. 우리는 적절한 장소에서 구체적으로 표현하여 설명해야 한다. 그리고 신은 모든 것의 제1원인자이기 때문에 구체적인 장소에 나타나지 않는다. 신은 공간, 시간, 상상을 초월하여 높이 존재한다. 따라서 모세는 "당신 자신을 내게 드러내소서"라고 말했다. 모세가 분명히 말해 주고 있는 것은 사람은 교훈과 가르침을 통해서 신의 지혜를 이해할 수 없다는 것이다. 신은 먼저 그 자신이 권능을 나타낼 때 알 수 있다. 사람이 형태가 없고 보이지 않는 것을 알기 위해서는 하나님이 그리스도를 통해 베푸시는 은총이 있어야 한다.

(The Stromateis 5:70-71.5)

제3장
오리겐
ORIGEN

그리스 교부들 중에 가장 뛰어난 인물은 오리겐이다. 그는 모든 것을 포괄하는 지성인으로 필요한 특출한 학문성과 뛰어난 연구능력을 갖추고 있었다. 그의 사상은 당시와 직후 세대뿐만 아니라, 심지어 그를 잊고자 했던 후대에까지도 뚜렷한 흔적을 남겼다. 우리는 지금껏 다뤄 온 저술가들의 생애에 대해서는 거의 알지 못한다. 그러나 오리겐에 대해서는 상황이 매우 다르다. 그의 제자들과 추종자들은 그의 삶에 대한 이야기가 그의 저술과 가르침만큼이나 후대 사람들에게 전수될 만한 가치가 있다고 느꼈다. 약간의 전설들이 역사적 사실들과 섞여 있으나 우리는 전반적으로 오리겐의 삶에 대한 이런 기록들을 순전히 역사적인 것으로서 용인할 수 있다.

　　오리겐은 기원후 약 185년에 기독교 가정에서 태어났다. 그의 아버지는 셉티미우스 세베루스(Septimius Severus) 치하의 박해 시기인 주후 202년에 순교했다. 4세기경의 기독교 역사가인 유세비우스(Usebius)에게서 그 이야기를 들을 수 있다.

　　세베루스가 교회들을 박해하기 시작했을 때, 신앙의 승리자들의 주목할 만한 순교들이 도처에서 이루어졌다. 알렉산드리아에서 가장 많이 일어났다. …… 순교자들 가운데 오리겐의 아버지 레오니다스(Leonidas)가 있었다.…

　　박해의 불꽃이 맹렬히 타올랐고, 많은 사람이 순교의 면류관을 쓰게 되었다. 오리겐은 그때 겨우 소년의 티를 벗었다. 그러나 그는 순교에 대한 대단한 열정에 사로잡혀 위험 속에 뛰어들어 자신을 그 싸움 속에 내던지기를 바랐다. 만약 그의 어머니의 반대를 통해 그의 뜻을 막는 것이, 많은 이들의 유익을 위해서도, 하나님의 뜻을 거스르는 것이 아니었다면, 그의 시도는 거의 성공할 뻔했고, 그의 삶은 끝이 날 뻔했다. 어머니는 먼저 말로 애원을 했고, 그가 어머니의 사랑을 조금이라도 고려한다는 것을 보여 달라고 애원했다. 그러나 그때 그는 아버지가 체포되어 감옥에 갇힌 것을 알았다. 어머니는 순교에 대한 아들의 갈망이 더욱 강해졌고, 아들이 이제 순교에 대한 열망에 완전히 사로잡혔음을 깨달았다. 그래서 그녀는 그의 옷을 가져다 모두 숨겨버렸고, 그렇게 오리겐이 집에 강제로 머물러 있게 했다. …… 그는 다른 어떤 도리가 없게 되었을 때, 순교를 앞둔 아버지에게 믿음을 꽉 붙들고 있으라는 편지를 쓴다. 그 편지에 이러한 글귀가 있다: "아버지가 무엇을 하시든지, 우리 때문에 결심이 흔들리는 일은 없도록 하세요." ……

여기서 처음으로 우리는 심지어 젊은이로서 오리겐이 드러냈던 지성과, 타협 없는 종교적 확신을 본다. 그는 이미 신앙에 대한 지식에 상당한 진보를 이뤘고, 어린 시절부터 성경 안에서 잘 훈련되었다. 그의 아버지가 이런 종류의 지식에 특별한 강조를 해왔던 것처럼, 그는 신앙 분야에서 아주 열심히 노력했고, 일반 교육을 배우는 데에도 그러했다. …… 아버지는 매일 오리겐에게 성경의 일부를 반복해서 외우게 했다. 그러나 그는 아들에게 강요할 필요가 없었다. 오리겐은 이런 종류의 지식에 대한 진보를 이루기 위해 기꺼이 열심을 다했다. 그리고 그는 거룩한 말씀들의 단순하며 문자적인 의미에는 만족하지 못했다. 그는 그 이상을 추구했고, 더 깊은 의미에 열중했다. 과연 그는 영감을 받은 성서가 진정으로 표현하고자 했던 것이 무엇이었는지에 대해 질문함으로써 아버지를 자주 난처하게 하곤 했다. ……

그의 아버지는 일찍이 그에게 희랍의 지혜를 소개했다. 아버지의 죽음 이후 오리겐은 이러한 학식 있는 연구에 더 큰 열정으로 헌신했고, 훌륭한 일반 교육을 받았다. …… 이것은 그에게 어린 나이에도 불구하고 상당한 수입을 얻을 수 있게 해주었다. 따라서 그가 한창 바빴던 중에는, 그 자신이 그의 저술들 중의 하나에서 우리에게 말한 것처럼, 수많은 이교도들이 하나님의 말씀을 듣기 위해 그에게 왔다. 왜냐하면 그때에는 알렉산드리아에서 아무도 기독교를 가르치는 일에 종사한 사람이 없었기 때문이다. 모두가 박해로 인해 피신했던 것이다. 그가 말하듯이, 찾아온 사람들 중의 첫 번째는 플루타크였는데, 그는 선한 삶을 산 이후에 순교의 면류관을 쓰게 됐다. 두 번째는 데미트리우스의 죽음 이후 알렉산드리아 사람들 중에서 주교직으로 승격된 플루타크의 형제 헤라클라스였다. …… 거룩한 신앙에 대한 원칙들 속에서 그가 가르치고 있던 수많은 사람들 때문에, 그에 대한 불신자들의 적대감은 너무나 커서 그에 대한 음모를 꾸몄고, 그가 살던 집 주위로 군인들을 배치했다. 그리고 매일 그에 대한 박해가 너무도 맹렬히 불타올라서 그는 그 도시 전체에서 더 이상 머물 곳을 찾지 못했다. 그러나 이렇게 모든 곳에서 쫓겨나면서도 그는 하나님의 가르침을 받기 위해 그를 찾아오는 수많은 사람들로 인해, 이집 저집으로 이동해야만 했다. ⋯⋯

그는 오랜 세월 동안 철학자의 삶의 방식을 유지했고, 젊은 시절의 모든 욕정으로부터 자신을 멀리했다. 그는 온종일 아주 많은 분량을 가르쳤으며, 밤 시간의 대부분을 성경을 깊이 연구하는 데 할애했다. 그는 철학자로서의 삶 전체를 통해 무척이나 절제된 삶을 살았으며, 열심히 금식의 규칙을 수행했다. 잠자는 시간을 제한했고 이후에는 침대를 사용하지 않았으며, 방바닥에서 잠을 잤다. 무엇보다 그는 주님의 말씀들에 엄격한 주의를 기울이는 것을 자신의 의무로 생각했는데, 그것들은 우리에게 두 벌의 의복이나 두 켤레의 신발을 소유하지 말고, 미래에 대한 염려로 조바심 내지 말라고 권면한다. ⋯⋯

그는 주변 세상에, 그가 그의 열정을 모범으로 따르기 위한 수많은 학생들을 감동시킨, 잘 이해될 수 있는 철학자적 삶의 모범을 제시했다. 그리고 불신자들 중 최고위층 사람들이, 그들은 그 당시 문화와 철학의 거장들이었는데, 그의 가르침을 들으러 왔다. 그의 사역을 통해 이러한 사람들이 하나님의 로고스에 대한 믿음을 그들의 영혼 속에 진정으로 받아들였다. 그리고 그들 중 일부는 체포되어 순교를 통해 완전함에 도달하는 방식으로, 그 시대의 박해 속에서 그 자신들을 구별했다. ……

오리겐은 이 세상의 지혜와 철학을 추구하는 것을 자신을 위해 매우 필요한 것으로 여겼다. 교사로서 그의 성공의 증거는 동시대 희랍 철학자들에게서 발견할 수 있다. 그는 종종 그들의 저서들에서 언급된다. 때때로 그들은 자신의 저작들을 그에게 헌정했다. 또한 때때로 그들은, 학생이 자신의 글을 교사에게 제출하듯이 그의 평가를 받기 위해 그에게 저작들을 제출했다. 포르피리라는 사람은 오리겐이 우리에게 반대하는 논쟁적인 글을 쓰고 거룩한 성서를 비방했다고 뒤집어씌운 자로서 우리 시대까지 시실리에 살고 있다. 그는 여러 성서 해설가들에 관해서도 언급했다. 그리고 그가 그 가르침들 속에서 비판할 아무것도 찾을 수 없게 되었을 때는 비난할 자료가 없다는 이유로 교사들을 특히 오리겐을 모욕하는 쪽으로 돌아선다.

포르피리는 비유적 해석 방법에 대해 비판한다:

모세가 아주 분명하게 쓴 것을 그들은 수수께끼라고 주장한다. 그리고 그들은 이러한 것들을 마치 감춰진 비밀들로 가득 찬 계시들인 것처럼 특별한 경외심을 가지고 취급한다. 그리고 그들이 만들어내는 현기증으로 인해 정신은 판단력을 잃는다. 이것이 그들의 해석이란 것들이 지닌 가치이다.

그는 계속하여 다음과 같이 주장한다.

이런 우스꽝스러운 방법을 내가 거의 어린아이였을 때 개인적으로 알게 된 어떤 사람, 오리겐의 저작들에서 발견할 수 있다. …… 오리겐은 암모니우스의 제자였고, 우리 시대 가장 높이 평가받는 철학자이다. 지식의 관점에서 오리겐은 그의 스승에게 많은 것을 얻었으나, 그 지식과 완전히 반대되는 삶의 방식을 수용했다. 암모니우스는 그의 부모님에 의해 기독교인으로 양육되었고 기독교 교회 내에 있었다. 그러나 그가 사고하기 시작하고 철학을 공부하기 시작하자마자, 그는 당장 적절한 삶의 방식을 수용했다. 반대로, 오리겐은 그가 비록 그리스인이었고 그리스인들 사이에서 양육되었지만, 기독교인들의 사악하고 야만적인 잘못들로 빠져버리게 되었다.

오리겐은 암브로스라고 불리는 부유한 사람을 발렌틴의 이단으로부터 개종시켰다. 감사의 마음으로 암브로스는 넓은 사무실을 그의 맘대로 사용할 수 있게 해주었는데, 그것은 그의 작업량을 크게 증대시켰다.

이때부터 오리겐은 하나님의 성서들에 대한 주석들을 쓰기 시작했다. …… 7명 이상의 속기사들이 각자 맡은 시간별로 돌아가면서 그로부터 구술을 받아 적기 위해 기다렸다. 같은 수의 서기관들이 있었고, 또한 아름다운 필사체 기술로 잘 훈련된 소녀들도 있었다. 암브로스는 그 일에 필요한 도움을 주기 위해 넉넉하게 양식을 공급했다. 더군다나 그 자신이 믿기 힘들 정도의 열정을 가지고 거룩한 성서들을 해석하는 힘든 일들에 참여했다. 그가 오리겐에게 성서에 대한 그의 주석을 준비하는 일을 착수하도록 한 것은 바로 그런 이유 때문이었다.

이러한 도움으로, 오리겐은 이제 필기하는 대신에 구술을 통해 책을 쓸 수 있었다. 결과적으로 그는 막대한 양의 저작물들을 만들 수 있게 되었으나, 그것들 중 많은 것이 소실되었다. 그럼에도 여전히 상당한 양의 저서들이 남아 있다. 크리소스톰(Chrysostom)을 제외하고는 교부들 중 남겨진 작품들의 양에 있어서 오리겐에게 필적할 만한 사람이 아무도 없다.

오리겐의 명성이 커져감에 따라 그는 많은 여행을 하게 되었다. 가이사랴에 머무는 동안 그는 강의에만 초청받은 것이 아니라 설교에도 초청을 받았다. 서기 230년에는 안수 받지 않은 사람이 설교하는 것이 당시 교회에서 예외적인 것이었기에, 주교들이었던 친구들이 그를 안수하여 사제로 만들려고 하였다. 알렉산드리아의 주교 데미트리우스는 이런 안수를 규정에 어긋나는 것이며 따라서 무효라고 반대했다. 오리겐은 알렉산드리아 사람이었기 때문에 다른 곳이 아닌 알렉산드리아에서 안수를 받아야만 했다. 그 논쟁을 가라앉히기 위해 다양한 노력들이 시도되었다. 그러나 결국 알렉산드리아에서의 상황은 더욱 어려워져서 오리겐은 그 도시를 떠났고, 다시 한 번 가이사랴로 이사했다. 오리겐은 거기서 나머지 생애를 보냈다.

데시우스 황제 치하였던 서기 250년에 기독교인들에 대한 첫 번째 체계적인 박해가 시작되었을 때 오리겐은 이미 노인이었다. 하지만 젊은이였을 때 그를 두드러지게 해준, 고통을 통해 그리스도를 고백하려는 열망은 결코 사그라지지 않았다. 당연히 이교도 국가는 최선을 다해 이 유명한 교사가 스스로 자신의 신앙을 부인하도록 만들려 했다. 오리겐은 연로한 나이에도 불구하고 혹독한 취급과 고문을 당했지만, 그것이 그의 결심에 어떠한 영향도 미치지 못했다. 재판관은 뚜렷한 흔적을 지닌 사람인 오리겐을 사형에 처하는 것은 옳지 않다고 여겼다. 그래서 모든 고문들이 아무런 소용도 없다는 것이 드러나게 되었을 때 그는 다시 자유로운 몸이 되었다.

오리겐의 많은 편지들은 박해기간에 그가 고통당한 모든 것과, 그 일의 문제가 무엇이었는지, 그리고 언제 악한 영이 모든 주관자들을 휘저어 이 사람과 대적하게 하고 모든 교활함과 권세로 그를 대적하는 싸움터로 들어가게 했는지에 대해 진실하고 정확한 내용을 담고 있다. 당시 있었던 공격들 중에서 가장 가혹

한 공격이 오리겐에게 이루어졌다. 그 편지들은 무엇을, 그리고 얼마만큼이나, 이 사람이 그리스도를 위해 견뎌야 했는가를…… 그리고 그가 어떻게 용기 있게 적이 그에게 할 수 있었던 모든 것을 견뎠는지, 그리고 그에 대적한 모든 절차들의 끝이 무엇이었는지, 언제 재판관이 오리겐을 사형시키는 것을 막기 위해 가능한 모든 수단들을 기꺼이 사용했는지를 말해 준다. 마침내 그것들은 그가 그의 뒤에 남긴 언사들에 대해 말해 주는데, 그것은 그것들이 필요한 사람들을 위한 위로와 도움으로 가득 찬 것이다.

오리겐은 박해를 받은 뒤 몇 년 지나지 않아 사망했다. 시간 간격상, 그의 죽음이 그가 견뎠던 고난의 결과인지 아닌지를 확언할 수는 없다. 그가 사망한 곳에 대해서는 알려져 있지 않다. 그의 무덤이 가이사랴에 있지 않고 타이르에 있다는 것은 주목할 만하다.

심지어 오리겐의 생애 동안 그의 많은 관점들이 교회의 전통적인 교리들과 정확하게 일치하지 않았기 때문에 상처받았던 사람들, 그리고 결과적으로 그를 이단으로 고발했던 사람들이 있다. 그러나 오리겐은 대체로 최고의 평판을 누렸다. 그의 언사들은 그리스 신학적 사상의 기본구조와 완전히 일치했다. 그리고 그때는 구속력이 있고, 전체 교회에 의해 받아들여진 정통교리가 규정하는 신앙에 대한 정의가 없었다. 그래서 이러한 불평들은 오리겐의 생애 동안 거의 영향을 미치지 못했다. 그러나 그것들은 그의 죽음 이후에도 사라지지 않았고, 그는 항상 수많은 진심어린 숭배자들뿐만 아니라 맹렬한 적들을 갖고 있었다. 4세기 말에 특히 폭력적인 논쟁이 벌어졌다. 그리고 유스티니안 황제가 마침내 543년에 칙령을 발표할 때까지, 결코 진정으로 그치지 않았던 논쟁이 종식된 이후에 오리겐은 이단으로 선포되었다.

기초로서의 성경

알렉산드리아 최고의 전통들은 오리겐의 저술 방식에서 이해될 수 있다. 그의 신학의 결론은 기독교 신앙의 가장 깊은 신비들에 대한 사변적 사상이다. 그러나 이것을 위한 굳건한 기초는 성경의 본문과 그 해석에 대한 상세한 연구에 놓여 있다.

여기서 우리는 방대한 작업, 6개 국어 대역, *Hexapla*(헥사플라)를 첫 번째로 언급해야 한다. 알렉산드리아에 있는 기독교인들은 구약성서의 칠십인역을 그들의 성경으로 사용했다. 그러나 이것은 히브리어 본문과 다른 번역본들과는 상당한 차이가 있었다. 한 번에 그 문제를 바로잡기 위해, 오리겐은 여섯 칸에서 히브리 본문을 히브리 문자들로 나열했다. 히브리어 본문을 그리스 문자들로 썼다. 그리고 그가 이용할 수 있었던 네 가지 그리스어 번역들. 그는 첨가된 것과 누락된 것을 중요한 표시들, 의구표(÷)와 별표(*)로 표시했다. 어떤 책들을 위해서는 네 개 이상의 번역을 넣었고, 특정 지점에서, 칸 수는 9개로 늘어났다. 교회가 소위 "컴플루텐시안 폴리글롯(Complutensian Polyglott)"(1502년에 스페인에서 시작해서 1522년에 출간한)에서 대조역 작업을 수행하기까지 1200년이 소요되었음을 회상할 때, 우리는 오리겐의 업적이 갖는 위대성을 깨달을 수 있다.

성경을 해석할 때 오리겐은 비유적 방식을 따랐는데, 우리는 이미 필로와 클레멘트에게서 그 방식을 접했다. 그러나 그는 그것을 더 심화시켜 완벽하게 만들었다. 그는 성서의 거룩함을 단순히 성령의 숨이 그것을 통해 호흡한다는 의미로 해석하지 않았다. 그에게 있어서 감동은 그 자체가 전체 성경에 붙어 있는 거룩함을 의미하고, 모든 구절과 모든 문자에서 인식할 수 있는 것이다. 그러나 이것은 어떤 주술적 가능성을 그 단어들 그 자체에 기인한 것으로 돌리려는 것이 아니다. 각 구절 뒤에 하나님을 지목하는 의미와, 발견되어야만 하는 의미가 있음에 틀림없는데, 그것은 하나님에 대한 지식을 사람에게 전달할 것이다.

플라톤의 훌륭한 추종자로서 오리겐은 모든 것은 하늘 위에 있는 그 형상을 반영하는, 하강하는 일련의 형상들이라는 식으로 생각한다. 우리가 내려감에 따라, 본래 형상은 더 희미하게 되지만, 결코 완전히 사라지지는 않는다. 맨 마지막이자 맨 아래 있는 이러한 형상들은 사람을 위해 사다리의 맨 밑바닥 가로대를 구성하는데, 그가 그것을 따라 오르면 결국 그를 하나님께로 인도할 것이다.

이것은 물론 낮은 단계들을 떠나서 위를 향해 올라갈 의무가 사람에게 놓여 있음을 의미한다. 오리겐은 성서를 세 단계의 관점으로 생각했는데, 그것은 사람 자신의 존재가 여겨질 수 있는 세 가지 방식에 대략 비교될 수 있다. 우리는 문자적 혹은 물리적인 것과, 혼(soul)에 관여된 "정신적"인 것, 그리고 영(spirit)과 관련된 "성령적"인 것을 구별할 수 있다. 문자적 감각은 먼저 우리를 만나고, 우리가 "정신적" 의미로 다가서도록 우리를 유혹하고, 그것을 통해 우리는 대부분 윤리적이고 도덕적 상담을 받는다. 그러나 진정으로 중요한 것은 하나님에 대한 지식이고, 이것은 "영적" 감각에 의해서만 전달될 수 있다.

On Basic Principles(*De Principiis*, 기본 원칙들에 관하여)라는 그의 논문의 네 번째 책에서, 오리겐은 지금껏 쓰인 것 중 성서 해석 기술에 대한 첫 번째 체계적 연구를 작성했고, 정형화된 양식 속에서 그 자신이 그의 성서 주해에서 따랐던 원칙들을 적용했다. 여기에 그가 적었던 것에서 일부를 발췌해 놓는다.

우리는 간단히 성령을 통한 성서의 영감에 대한 질문을 다뤄 왔다. 이제 우리는 그것들이 읽혀지고 이해되어야 하는 방식으로 옮겨가야 한다. 가장 심각한 실수들은 수많은 독자들이 성경을 통하여 그들의 길을 찾는 올바른 방식을 발견하는 것에 실패

한다는 것에서 일어난다. 할례를 받은 완악하고 무지한 유대인은 구세주가 그를 언급한 예언자들의 그러한 말들을 문자적으로 실행해야만 한다고 생각했기 때문에, 그를 믿는 자들이 되지 않았다. 그러나 그가 "포로된 자들에게 구원을 선포했다"[1]는 것, 혹은 그들이 그 표현을 이해했던 그런 식으로만 그가 "하나님의 도성"을 건설했다는 것, 혹은 그가 "에브라임의 병거와 예루살렘의 군마를 끊었다"[2]는 것, 그가 "악을 버리며 선을 택할 줄 알 때가 되기 전에 버터와 꿀을"[3] 먹지 않았다는 것을, 그들은 육신의 눈으로 바라보지 못했다. …… 우리가 믿는 그리스도가 이 땅위에 살았던 그 기간 동안, 그들은 이러한 일들이 일어나는 것을 그들의 육체적 눈을 통해 하나도 보지 못했다. 따라서 그들은 우리 주 예수를 영접하지 않았다. 반대로 예수가 그 자신을 메시아라고 잘못 불렀다는 가정하에 그들은 그를 십자가에 못 박았다.

이단들은 "나의 진노의 불이 불살랐다."[4] 그리고 "나는 질투하는 하나님인즉 죄를 갚되 아버지로부터 아들에게로 삼사대까

---

1 사 61:1.
2 슥 9:10
3 사 7:15
4 렘 15:14.

지 이르게 하겠다.”5 …… 그리고 “하나님으로부터 악한 영이 나와 사울을 괴롭혔다.”6 …… 그리고 같은 종류의 수천 가지의 다른 구절을 정반대로 읽었다. 그들은 성서의 신적 기원을 거부할 모험을 하지 않았으나 그들은 그것들이 유대인들이 예배한 차원 낮은 신, 데미우르고(Demiurge)7로부터 왔다고 상상했다. 그들의 관점에서 창조주는 불완전했고 선하지 않았으며, 그래서 구세주는 보다 완전한 하나님을 선포하러 왔다. 그들이 이 하나님에 대하여 말하기를 그는 창조자가 아니라고 하는데, 그러면 그들이 하나님에 대한 가장 모순적인 확신 속에 빠져들게 하자. …… 또한 몇몇의 덜 교육받은 기독교인들이 있는데, 그들은 교회에 대한 그들의 신봉을 자랑스러워하며 창조자보다 더 위대한 것은 없다고 인식하는데, 그러한 점에서 그들은 완전히 옳다. 그러나 그들은 그분에 대한 그러한 것들이 인간들의 가장 거칠고 가장 불의한 속성에 기인하지 않는다고 믿는다.

이 모든 잘못들의 원인, 즉, 하나님을 믿지 않거나 하나님에

---

5 출 20:5.
6 삼상 15:11.
7 중간적 창조자

대한 관계에서 원시적인 관점은 분명히 이것 때문이다 성서가 영적 의미에서 이해되지 않고, 단순한 문자에 따라서 해석된다.

사람들을 위해 성서의 의미는 그 자신의 영에 삼중적으로 새겨야 한다. 아주 단순한 사람들의 교화를 위해 살(flesh), 즉 성서의 물리적 부분으로서 취급될 수 있는 의미가 있다. 그리고 그것으로써 우리는 익숙하고 분명한 해석을 의미한다. 어느 정도의 진보를 이룬 사람들을 위해서, 성서의 정신(soul)으로부터 이끌어낸 해석이 있다. 온전한 그에게 사도들의 말씀이 일치하는데, "우리가 온전한 중에서는 지혜를 말한다"[8]라는 것이다. 여기서 그는 아직까지 오지 않은 선한 것들의 형상인 영적인 법으로 언급되고 있다.[9] 사람이 육체와 정신과 영으로 이루어진 것과 똑같이, 하나님은 사람들의 구원을 위해 주어진 성서가 똑같은 삼중 방식으로 존재하도록 임명하셨다.

(De Principiis 4:11)

우리는 또한 이것을 깨달아야만 한다. 말씀의 주요 목적은

---

8 고전 2:6-7.
9 히 10:1.

그러한 영적 실체들의 관계를 일어난 혹은 아직까지 일어나지 않은 것들의 수단으로 선포하는 것이다. 실제 역사적 사건들이 이러한 내적이고 영적인 의미와 합하게 될 수 있음을 그가 보았을 때, 대다수의 독자들로부터 더 깊은 의미를 감추며, 그는 그것들을 사용했다. 그러나 영적인 것들의 질서를 정해 가는 중에, 내가 방금 전에 언급한 방식을 따르는 것이 불가능했을 때, 그것들의 내용의 훨씬 더 비밀스런 특징들 때문에, 성서는 실제로 일어나지 않았던 것들을 기록 속에 함께 섞어 넣었다. 어떤 때는 일어나는 것이 불가능한 것들, 다른 때는 일어날 수는 있었지만 실제로는 일어나지 않은 것들을, 그리고 문자적으로 사실이 아닌 이러한 삽입된 부분들이 때로는 더 적고, 때로는 더 많다. 율법을 주는 것에 대해서도 똑같은 것이 사실이다. 율법이 주어졌을 그 시대에 완전히 유용하고 적절한 어떤 부분이 있다. 그러나 여기저기에 아무런 소용도 없는 것처럼 보이는 것들이 존재한다. 상당히 많은 경우에 준행하기 불가능한 율법들이 주어졌다. 열정적이고 탐구적인 독자들이 진정으로 성서에 대한 연구에 대한 수고를 아끼지 않을 수 있도록, 그리고 그러한 구절들에 대한 우리의 해석이 받아들여질 수 있다면, 우리가 그것들 안에서 하나님에게 어울릴 법한 감각을 발견할 때까지 우리가 계속 탐구해야만 하는 옳고 확실한 결론에 도달할 수 있게 하기 위하여, 이것들은 그들을 위해 있는 것이다.

(De Principiis 4:15)

성경 주석들

성서에 대한 오리겐의 주석들은 상당한 분량이다. 제4복음서의 첫 번째 절에 대한 그의 주석은 그의 주석서 첫 번째 책의 전체를 구성한다. 이것만 보더라도 오리겐의 주석이 가장 상세한 현대 주석보다 더 상세하다는 것을 알 수 있다. 그리고 이러한 저술들이 종종 아주 지루하다는 것을 인정해야만 한다. 오리겐은 위대한 사상가였지만, 요점만 간단히 적는 기술을 통달하지 못했다. 이것은 심지어 그가 좀 더 주의 깊게 고려한 저작들 안에서도 마찬가지다. 그리고 그는 주석서들에 있어서 가장 최악이었는데, 그것은 그가 지나갈 때 구술하여 받아 적은 것이었다. 여기서는 주석가로서 오리겐의 문체와 방식에 대한 한 가지 예에만 한정하겠다.

요한복음 4:40f. 사마리아인들이 예수께 와서 자기들과 함께 유하시기를 청하니 거기서 이틀을 유하시매 예수의 말씀으로 말미암아 믿는 자가 더욱 많았다. 누군가는 주님의 이 단어와, 저 단어 사이의 대조를 지적할 수 있을 것 같다: "이방인의 길로도 가지 말고, 사마리아인의 고을에도 들어가지 말라."[10] 주님이 사마리아인들게 초대받았을 때, 비록 다른 곳에서는 "사마리아인의 고을에 들어가지 말라"고 말씀하심에도 불구하고, 그는 거기서 이틀을 머무셨다. 아주 확실히 제자들은 그와 함께 그 마을에 들어갔다. 이것은 "이방인의 길로 가는 것"이라는 표현이 어떤 이교도의 교리를 받아들인다는 의미로 해석되어야만 하는 것을 의미하는데, 그것은 이스라엘의 하나님의 율법, 그리고 그 가르침에 따라 걷는 것과 반대되는 것이다. "사마리아인의 고을에 들어가는 것"은 사람이 율법, 예언서, 복음서 혹은 사도들의 가르침에 주의하라는 그러한 구절들을 범할 때, 그리고 어떠한 "지혜라고 잘못 불리는 것"에 빠지게 될 때 일어난다.

사마리아인들은 그들의 고을을 떠났고, 야곱의 우물로 예수

---

10 마 10:5.

에게로 찾아왔다. 그들은 그를 믿었고, 그는 이제 그들의 제안을 기꺼이 받아들이려 한다. 이것이 예수가 그를 초대한 사람들과 함께 유할 수 있게 만들어 준 것이다. 나는 요한이 상당히 의도적으로 일들을 이런 식으로 배치했다고 생각한다. 그는 사마리아 인들이 그가 그들과 함께 사마리아에 가시도록, 혹은 그들의 고을에 들어가시도록 초대했다고 말하는 것이 아니라, 그들이 그에게 "그들과 함께 유하시기를" 요청했다고 말한다. 왜냐하면 믿는 사람과 함께 유하는 것은 그가 거하는 도시에 들어가는 것과 똑같은 것이 아니기 때문이다. 그리고 이후에, 단어들은 "그가 그 고을에 이틀을 유했다", 혹은 "그가 사마리아에 유했다"가 아니라, 그를 초대한 사람들과 함께 "그가 거기서 유했다"이다. 예수는 "너의 고향과 친척과 아버지의 집을 떠나가라"[11]고 그에게 말했던 그 하나님을 믿은 아브라함의 예를 따라서, 특별히 그를 초대한 사람들이 그들 자신의 도시로부터 나와 예수께로 왔을 때 그를 초대한 사람들과 함께 머물렀다.

그는 그들과 함께 이틀을 유했다. 이것은 그들이 아직 기적

---

11 창 12:1.

의 증인이 되기에 충분하지 않았기 때문에, 셋째 날에 갈릴리 가나의 혼인 잔치에서 예수와 함께 식사를 했던 사람들 같이 그들이 아직 그의 셋째 날을 받아들일 수 없었다는 것을 의미한다. 사마리아에서 믿었던 많은 사람들의 신앙의 시작은, 그가 "내가 행한 모든 일을 내게 말했다"라며 증언을 감당했던, 그 여인의 말이었다. 믿었던 사람들이 증가한 것, 그리고 더 많은 사람들이 배가된 것은, 그 여인의 말을 통해서가 아니라 말씀 그 자신을 통해서 일어난다. 왜냐하면 두 가지 말씀이 그를 영접할 수 있는 자를 깨닫게 하시고 그 자신 안에서 나타났다. 그리고 그 말씀은 다른 사람에 의해서 선포되었고 증언되었다 — 그 둘 사이에 커다란 차이가 있기 때문이다.

(요한복음 13:51에 대한 주석)

신앙을 변론함

오리겐은 너무나 많은 저작들을 남겼기 때문에 그것들을 모두 열거하기가 불가능할 정도이다. 우리는 그것들 중에 가장 중요한 몇 가지만을 다룰 것이다.

신앙에 대한 변론의 측면에서, 가장 중요한 저작은 틀림없이 *Against Celsus*(켈수스에 대하여), 혹은 좀 더 정확히 말하자면, *Eight Books of Origen, against the work of Celsus entitled 'The True Word'*(오리겐의 8가지 서적들, 켈수스의 '진정한 말씀'이라는 제목의 저작에 대하여)이다.

켈수스는 플라톤주의 철학자이다. 그는 오리겐보다 약 2세대 전에 살았고, 그가 그의 진정한 말씀을 저술했을 때 오리겐은 아직까지 태어나지 않았을 것이다. 이때는 변증론자들이 위세를 떨치던 시대였다. 그때의 변증론자들은 플라톤주의적 철학자였는데, 그들은 기독교 신앙 안에서 그들의 플라톤주의적 철학의 완성을 발견했다. 그러나 당연히 이런 단계를 취하지 않은 다른 플라톤주의적 철학자들도 있었다. 그 변증론자들에는 제자들과 추종자들뿐만 아니라, 적대자들도 있었다. 그래서 그 변증론자들이 저술한 기독교의 철학적 변론들이 있었을 뿐만 아니라, 신앙에 대한 철학적 공격들도 있었다. 이중 켈수스의 저작이 특히 중요하게 여겨진다. 그의 서적의 제목이 보여주듯이, 켈수스는 주로 그리스도가 진정한 로고스라고 주장하는 변증론자들의 교리를 공격했다. 다른 대부분의 변증론자들처럼 그는 신적 로고스가 고대에 그리스 천재들의 가장 위대한 지성적 업적들 속에 드러났다고 확신한다. 그러나 그는 거기서만 진정한 고대의 로고스가 발견될 수 있고, 새로 유행을 하는 기독교 안에서는 발견될 수 없다고 생각하는데, 그것은 오히려 퇴보와 타락의 현상으로 여겨질 수 있는 것이다. 그가 판단하기에 "진정한 말씀"은 기독교인들에 의해 선포된 그 말씀이 아니다.

켈수스는 그의 저작을 매우 진지하게 다뤘다. 그는 주의 깊게 기독교 서적들을 연구했다. 그는 이스라엘과 교회의 역사와, 복음의 도덕적 원칙들과 성경이 교회 안에서 해석되는 방식에 익숙했다. 이 모든 것들은 교육받은 기독교인들에게 그의 서적이 특별히 위험한 것처럼 보이게 했을 터이다. 그 책의 영향은 저자의 사망 이후에도 지속적이었던 것으로 듯하다. 오리겐은 켈수스에 대한 그의 책의 서론에서 자신에 의해 곁길로 빠져버린 사람들에 대해 말하며, 그의 부유한 친구 암브로스가 그에게 특별히 "진정한 말씀"을 논박하는 서적을 저술해 달라고 요청했노라고 말한다.

오리겐의 방식은 "진정한 말씀"의 보다 큰 부분을 — 아마도 전체를, 그러나 이것은 확실하지 않다 ─ 단계별로 그리고 문장별로 정리하는 것이고, 그리고 그것에 관해 주석하는 것이다. 이런 노력의 결과는 기독교 신앙의 모든 변론 중에서 가장 위대한 것은 아니지만 기독교 학문성의 주목할 만한 저술이다.

우리 주님이요 구원자이신 예수 그리스도 앞에 거짓 증인이 세워졌을 때 그는 침묵했고, 그가 고발당했을 때 그는 아무 대답도 하지 않았다. 유대인들 사이에서 그의 모든 삶과 활동이 거짓 증인을 반박하는 말들보다 혹은 고발에 대해 그를 변호하는 말들보다 더 강력하게 그를 위한 증인이 된다는 것을 확신했기 때문이다. …… 나는 당신이 내게 요청한 방식의 변론이 그 사실에 의해, 그리고 볼 수 있는 눈을 가진 사람들 모두에게 분명히 보이는 예수의 그 능력에 의해 제공된 그 변론을 약화시킬 수 있다고 확신한다. 그러나 내가 당신이 내게 맡긴 사명을 빗나간 게으름을 통해 거절한 것처럼 보이지 않기 위해 비록 켈수스가 지적한 것들이 어느 신앙인의 믿음도 진정으로 흔들 수는 없다 할지라도 나는 켈수스에 의해 제기된 각각의 요점들에 분명한 반응이 되는 것처럼 보이는 것들을 내 최대한의 능력을 다해 적기 위해 노력했다. 하나님의 사랑을 조금이라도 경험한 사람은 어느 누구도 켈수스의 말들이나 혹은 어떤 사람의 말들의 의도로 인해 흔들리지 않게 되기를! ……

독자는 켈수스에 대한 이런 반응이 완전히 확신하는 신앙인들을 위해 쓰인 것이 아니라, 그리스도에 대한 신앙에 전혀 무지하거나, 혹은 바울이 말하듯이 "믿음이 연약한"[12] 사람들을 위해 쓰였음을 인식해야 한다. …… 그러나 심지어 그가 켈수스의 저작을 접한다 해도 그것에 대해 어떤 대답도 필요 없고, 그 책에 포함된 모든 것을 가볍게 지나치는 사람은 더 낫다. 왜냐하면 진정 기독교인이 할 수 있는 어떤 단순한 믿음이라도 그 안에 거하는 성령을 통하여, 그것을 마땅히 경멸적으로 다루기 때문이다.

("켈수스에 대하여In Celsum", 서론 1, 3, 6)

---

12 롬 14:1.

기독교인의 생활

우리는 뛰어난 문화와 포괄적 지성을 갖춘 사람을 세상으로부터 동떨어진 생활을 하는 학자로 그리기 쉽다. 실상 오리겐은 전혀 그런 부류가 아니다. 그의 목회적 논문들은 그가 완전히 세상 속에서 살았다는 것과 교회의 교사로서의 그의 책임감을 잘 인식하고 있었다는 것을 증거해 준다. 우리는 그의 저작인 「기도에 관한 논문」(*Treatise on Prayer*)과 「순교에 대한 찬미」(*Exhortation to Martyrdom*)를 볼 수 있다.

「기도에 관한 논문」의 서문은 그 주제를 직접적으로 다루지 않지만 자주 사용한 주제, 즉, 지식에 대한 인간의 능력과 하나님의 은혜 사이의 관계를 다루는 것이기에 중요하다.

가장 중요한 주제들은 인간의 이해를 뛰어넘고, 우리의 멸망할 수밖에 없는 본성이 도달하는 범위보다 훨씬 위에 있다. 따라서 유한한 인류의 이성이 그것들을 이해하는 것은 불가능하다. 그럼에도 불구하고 이것은 하나님이 인간에게 쏟아부어 주신 풍성하고 측량할 수 없는 은혜를 통하여, 그의 한량없는 은혜를 우리에게 베푸시는 예수 그리스도를 통하여 그리고 그와 함께 역사하시는 성령을 통하여, 하나님의 의지로 가능하게 된다. 분명히 인간 본성이 저절로 그것에 의해 모든 것들이 세워진 지식을 획득하는 것은 불가능하다(왜냐하면 다윗이 말하는 하나님이 모든 것을 지혜로 만드셨기 때문이다).[13] 그러나 "하나님이 우리 지혜와 의로움과 거룩함과 구원으로 만드신",[14] 우리 주 예수 그리스도를 통하여 불가능한 것이 가능하게 된다. "누가 하나님의 생각을 알며, 누가 주님의 의지를 상상할 수 있겠는가?" …… 나는 누구든지 사람이 하늘에 있는 것들을 그려내는 것은 불가능하다는 것에 동의할 것이라고 생각한다. 그럼에도 불구하고 이 불가능한 것은 하나님의 넘치는 은혜에 의해 가능하게 된다.

("기도에 관하여 IOn Prayer I")

「순교에 대한 찬미」의 경우는 역사상 실제로 발생했다. 서기 235년에 드라키안의 막시민 황제는 승계 직후 한 세대 이상 잠잠했던 교회에 대한 전쟁을 벌여 문제를 일으켰다. 이 경

---

[13] 시 104:24.
[14] 고전 1:30.

우 박해는 특별히 교회안의 지도자들을 향했다. 오리겐은 그들이 끝까지 확고히 견디도록 격려하기 위해 신부 프로톡테투스와 집사 암브로스를 위한 논문을 썼다. 그러나 진정으로 그 논문은 이들 두 사람에게만 향해 말한 것이 아니라 타협을 향한 경향성을 보인다고 의심받을 수 있었던 모든 기독교인을 향해 말한 것이다. 오리겐은 그의 삶의 처음부터 마지막까지 그리스도를 위한 고난을 기꺼이 감당하려고 했는데, 그러한 찬미를 쓰기에 분명 적합한 사람이었다.

사람은 그가 비록 이성적 영혼의 본질이 하나님과 어떤 특별한 연관성을 지닌다는 이해에 도달할 수 있었다 할지라도 여전히 연약하다. 왜냐하면 그 둘 다 지성적이고 보이지 않으며 육체가 없기 때문이다. 그러나 이런 본성적 열망을 만족시키는 것이 이성적 피조물이 도달할 수 있는 범위 내에서 불가능하다면 우리의 창조주는 왜 우리들 안에 그 분과의 종교적인 합일에 대한 갈망을 심어놓으셨는가? (그래서 심지어 곁길로 빠진 자들 안에서도 그는 신적 의지의 특정한 흔적들을 보존하신다.) 그리고 우리 교인들 각자가 본성적으로 적합한 어떤 능력, 보이는 것을 보는 눈과 소리를 듣는 귀를 가진 것과 마찬가지로 마음은 이해할 수 있는 것들과 그것들을 초월하시는 하나님에 적합한 어떤 능력을 갖고 있다. 그러면 우리는 왜 우리를 방해하고 영혼을 짓누르는 썩어질 육체, 마음을 수많은 걱정으로 가득 채우는 육신의 장막을 벗어버리기를 주저하고 의심하는가? 우리의 결박으로부터 자유를 얻고 수많은 살과 피의 폭풍우가 몰아치는 물결로부터 물러나는 것은 어떠한가? 그러면 우리는 축복을 동반한 그 평안을 그리스도 예수와 함께 누릴 수 있고, 그의 완전함, 그 살아 있는 말씀 안에서 그를 묵상할 수 있기 때문이다. 그가 먹여 주셔서 그분 안에 있는 중첩된 지혜를 이해하고 바로 그 진리와 함께 인침을 받을 때, 우리는 우리 마음이 그 진정하고 변함없는 지식의 빛에 의해 깨달음을 얻을 수 있고 주님의 명령에 의해 조명된 저 빛을 통해서만 눈에 보여질 수 있는 것들에 대한 시각을 가질 수 있다.

(Exhortation to Martyrdom 47)

진리를 순서대로 놓음

오리겐의 가장 중요한 저작은 초대 교회로부터 우리에게 전해진 보물 같은 저작들 중 하나인 *De Principiis*(기독교 신앙의 기본 원칙들에 대하여)이다. 이것은 교회 역사상 교리에 대해 기술한 첫 번째 조직신학 저서이다. 우리는 이 책의 영향을 교회의 전 역사를 통해, 그리고 우리 시대에 쓰이고 있는 교리 서적들에서도 추적할 수 있다.

오리겐은 기독교 교회가 진리를 소유하고 있다는 전제에서 출발한다. 이것은 교회와 사도들의 전통 안에 존재하고 있다. 그러나 이 전통이 표현된 양식은 그 내용에 비해 부적절하다. 그 전통의 다양한 부분들은 일관성 있게 짜여 있지 않다. 또한 그것들은 사람들이 계시의 의미를 숙달하고자 노력하는 수단으로 묻는 모든 질문들에 대답을 하는 것도 아니다. 진리를 순서대로 놓는 것은, 아마도 사도들이 후계자들에게 의도적으로 남겨놓은 직무일 수 있다. 오리겐은 이 직무에 착수하기로 결심한다. 기독교 교리의 건축물을 세우는 것이 그의 목적이다. 그 집을 지을 돌들은 성서에서 가져왔다. 그러나 전체적 계획은 플라톤적 철학에서 가져왔다 ― 오리겐에게는 다른 어떤 계획도 이용 가능하지 않기 때문이다.

그 저작은 네 권의 책으로 구성되어 있다. 첫 번째 책은 주로 영적인, 보이지 않는 세상을 다룬다. 그것은 하나님, 로고스, 성령, 천사 그리고 마지막으로 천사들의 타락을 다룬다. 이것은 가시적 세상에 존재하는 것들을 이끄는데, 이것은 둘째 책의 주제이다 ― 세상, 인간, 구속 그리고 최후의 일들(부활과 심판). 이 두 책 모두에서 오리겐은 하나님의 법을 다루고 있다. 세 번째 책에서 우리는 인간, 그의 가능성과 상황에 다가선다. 의지의 자유에 대한 아주 많은 대화를 한 뒤에, 우리는 적대적 권세, 선과 악의 싸움 그리고 모든 것을 그들의 정해진 조화로 돌려놓는 선의 최후 승리를 읽는다. 윤리적 원칙들에 대한 언급이 이 책에 포함되어 있다. 네 번째 책은 우리가 이미 본대로 성경 해석의 원리들에 대한 연구이다(위의 해당 장을 보라).

서론에서 오리겐은 우리에게 그것을 저술할 때 그의 마음속에 무엇이 있었는지에 대해 일정 부분 들려준다.

　　신자가 된 사람은 은혜와 진리가 예수를 통해 오고, "내가 곧 진리요"라는 그의 말을 근거로 그리스도가 진리라는 사실을 믿고, 사람들을 선하고 복된 삶으로 인도하는 지식을 획득할 수 있는 곳이 그리스도 자신의 말씀과 가르침 외에 다른 어떤 곳에도 없음을 잘 안다. 우리가 그리스도의 말씀에 대해 말할 때, 우리는 그의 성육신과 육체 안에서 나타난 이후에 그가 말했던 것들만을 말하지는 않는다. 왜냐하면 그리스도 전에 그 말씀이 이미 모세와 예언자들에게 이미 나타났기 때문이다. 하나님의 말씀이 그들 안에 거하지 않았더라면, 어떻게 그들이 그리스도에 대해서 예언할 수 있었겠는가? …… 히브리서의 한 예로 만족하도록 하자: "믿음으로 모세는 장성하여 바로 공주의 아들이라 칭함 받기를 거절하고 도리어 하나님의 백성과 함께 고난 받기를 잠시 죄악의 낙을 누리는 것보다 더 좋아하고 그리스도를 위하여 받는 수모를 애굽의 모든 보화보다 더 큰 재물로 여겼으니 이는 상 주심을 바라봄이라."[15] 그리고 그리스도가 승천한 이후 그가 사도들에게 말한 것은 바울의 말들에 의해 분명해진다: "이는 그리

---

15 히 11:24-26.

스도께서 내 안에서 말씀하시는 증거를 너희가 구함이니."16

그러나 그리스도에 대한 신앙을 고백하는 사람들 중에 많은 이들은 진리에서 어긋난다, 작고 보잘 것 없는 일에서 뿐만 아니라, 심지어 가장 중요한 것들에서도……. 그렇게, 그들 자신이 그리스도에 대한 진정한 신앙을 지니고 있다고 믿는다 할지라도, 신앙 안에서 우리를 앞서 간 사람들이 가르친 진리에서 벗어난 관점을 실제로 갖고 있는 사람들이 많다. 이러한 이유로, 교회의 가르침이 권위의 승계에 있어 단절 없이 사도들 세대로부터 전해 내려왔고, 현재까지 교회 내에 머무르고 있기 때문에 그것을 유지하는 것이 필수이다. 교회의 전통과 사도들의 전통에서 단 하나의 세세한 것도 벗어나지 않은 것만이 진리라고 할 수 있다.

그러나 우리는 그 거룩한 사도들이 그리스도에 대한 신앙을 선포했을 때, 그들이 모든 사람의 신앙에 절대적으로 필요한 것으로 본 특정한 주제들에 관해서 아주 분명한 정보를 주었다는 것을 인식해야만 한다. …… 어떤 특정한 다른 일들에 대해서는,

---

16 고후 13:3.

그들은 단순히 그것들이 그렇다고만 말했으나 그러한 것에 대해 어떻게 그리고 왜 그런지에 대해서는 아무런 말도 하지 않았다. 그들의 계승자들 중에서 근면하고 지혜를 사랑하는 사람들이 연습할 영역을 가질 수 있도록 하기 위해 그들은 틀림없이 이렇게 했는데, 거기서 그들은 그들의 이해의 열매를 나타낼 수 있다. 이들은 그 자신들을 지혜의 선물을 받을 수 있는 능력이 있고 받을 만한 가치가 있도록 훈련해 온 사람들이다.

그의 작품에 대한 계획을 간단히 그려낸 뒤 오리겐은 다음과 같은 말로 서론을 끝마친다.

이 모든 내용들을 올바른 질서, 그리고 하나의 전체로서의 해석을 만드는 것으로 축소시키기 원하는 사람은 이 같은 점들을 기초적이고 근본적인 원리들 — "지혜의 빛으로 너희 자신들을 깨닫게 하라"[17]는 그 명령과 조화를 이루어 — 로 사용해야 한다. 따라서 명료하고 필요한 공리들로부터 출발하여 그는 참

---

[17] 호 10:12(그리스어판)

된 특징이 진정으로 무엇인지 알아보기 위해 개별적인 것을 조사하고, 예시들과 증거들로부터 하나의 유일한 통합된 작품을 만드는데, 그는 그것들을 성서에서 발견했거나, 혹은 성서 본문에서 올바르게 축약하는 방법에 의해서거나, 혹은 하나를 다른 하나에 올바르게 연결했다는 것을 확인하는 방법으로 도달한 것이다.

하나님과 세상

여러 면에서 오리겐은 알렉산드리아의 전통을 이중적 방식으로 실행한다. 하나님의 계시를 받기 위한 인간의 가능성, 그리고 철학적 훈련을 통해 하나님의 비전을 향해 올라가도록 노력하는 인간에 놓인 의무. 그는 모든 것을 성서에 기초하려는 결심으로 인해 영지주의자와 구별된다. 영지주의자들은 구속자라는 이름 외에 성서에서 취한 것이 실제적으로는 거의 아무것도 없다. 그러나 그의 출발점은 클레멘트의 것과 같지 않다. 클레멘트는 로고스의 교리에서 시작한다. 그의 신학은 두 기둥 사이에서 움직인다. 이성적 존재로서의 인간의 가능성과 로고스의 선물들. 오리겐은 하나님의 존재로부터 시작한다. 클레멘트에게 구속의 교리는 인간의 교리로부터 자라간다. 반면 오리겐에게 구속의 교리는 세상의 본질에 대한 교리에서 자라나는데, 그것은 하나님의 존재에 대한 그의 교리와 가장 밀접하게 연관되어 있다.

클레멘트에게 계시는 창조 사역의 지속과 완성이다. 오리겐에게 계시와 구속은 창조와 평행을 이루는, 어떤 의미에서 그것의 반복인 하나님의 별개의 행위들이다. 오리겐은 최선을 다해 성서에 충실하려 한다. 그러나 때때로 그의 추론법은 그로 하여금 완전히 비성경적인 유추를 이끌어내게 하고, 동시에 그의 체계의 부정확성과 틈을 견뎌야 하도록 강제한다.

우리는 비성경적인 유추의 예를 세상의 영원성에 대한 오리겐의 교리에서 찾을 수 있다. 그에게 있어 이것은 반드시 하나님의 영원성과 불변성에 대한 사상의 결과로 일어나는 것이다. 결과적으로 반대적인 것에 대한 그의 모든 언급들에서 오리겐은 창조자와 피조물 사이에 철저한 구분을 짓지 않는다. 적어도 그의 체계 안에서 이러한 구분은 어디서도 분명하지 않다. 오리겐의 하나님은 엄격한 의미에서 '**창조하지**' 않는다. 그분은 그분 자신 안으로부터 자존한다. 그리고 존재하는 우주 전체가 각각의 정도만큼 하나님의 존재를 공유하고 있다. 이제『기본 원칙들에 대하여』라는 책이 작성된 방식에 대해 살펴보자.

첫째 부분은 하나님은 물질이 아니라는 원칙을 다룬다. 스토아학파는 모든 존재가 어떤 면에서 물리적이라고 가르쳤다. 어떤 기독교인들은 하나님에 대하여 아주 원시적이고 물질적인 관점을 가지고 있었다. 이러한 실수들은 거부되어야 한다.

우리는 하나님이 물리적이거나 육체 안에 존재한다고 생각해서는 안 된다. 그는 단순한 지적 본성인데 다른 어떤 것과도 어떤 직접적인 연관성을 허용하지 않는다. 따라서 우리는 그분 안에 더 크거나 작은 어떤 것이 있다고 믿을 수 없다. 우리는 그가 모든 면에서 하나라고 생각해야만 하고, 진정으로 그는 일체 그 자체인데, 그는 성령이고, 그는 모든 지적 본성들, 모든 영적인 것들의 기원이 되는 근원이다.

(De Principiis 1:1.6)

우리는 하나님으로부터 나오는 지적 본성의 이러한 진행을 어떻게 이해해야 하는가? 생식 혹은 창조의 세상은 하나님의 신격이 덜 신적인 것이 되는, 즉 그것이 중심에서 멀어져 감에 따라 점진적으로 자체에서 신적 특성들을 벗겨버리는 방식으로 나타난다. 우리는 이것이 하나님 속의 어떤 변경을 의미한다고 상상하면 안 된다. 우리는 아마도 이렇게 말함으로써 그것을 표현할 수 있을 것인데 부분적으로 이성적 혹은 영적 본질이 그것의 근원에서 멀어져 감에 따라, 그것은 존재의 충만을 잃게 된다.

영원하신 아들

상실되는 신적 특성들의 첫 번째는 자존적인 것이다. 아버지 홀로 비생식적이다. 아들은 그분의 처음이자 가장 높은 형상으로써 성령으로부터 유출되는 것과 똑같은 방식으로 아버지로부터 유출된다.

이러한 "형상" 개념은 아버지와 아들의 본질과 실체의 일치를 포함한다. "아버지께서 행하시는 그것을 아들도 그와 같이 행하느니라"(요한복음 5:19f)고 말을 했을 때, 이것은 아들이 아버지처럼 똑같은 방식으로 모든 것을 한다는 바로 그 사실 속에서 하나님의 형상이 아들 안에서 나타났다는 것을 의미한다. 왜냐하면 아들은 의지가 의지하는 마음으로부터 나오는 것과 똑같은 방식으로 아버지로부터 나오기 때문이다.

(De Principiis 1:2.6)

하나님 안에 어떤 변화도 있을 수 없기 때문에, 그리고 신격의 첫 번째 반영이 신격 그 자체처럼 불변하는 것이어야 하기 때문에, 아버지는 영원히 아버지여야만 하고 아들은 영원히 아들이어야만 한다. 따라서 아들의 생식은 하나님의 바로 그 존재에 속하는 발생이어야 한다. 진정으로, 가장 엄격한 의미의 용어로는 발생이라고 말하지 말아야 한다. 아들의 생식은 하나님의 존재에 대한 묘사이다. 의미상 그것은 하나님이 아버지라고 선언하는 것과 다르지 않다.

그러나 이 상황을 인간 아버지와 인간 아들 사이의 관계에 대한 언급으로 설명하려고 하는 것은 초보적인 실수일 것이다. 오리겐은 드러내 놓고 인간적 부성을 비교하는 모든 것을 거부했다. 아들의 생식은 모든 인간적 상상력을 뛰어넘는다. 영원하고 지속적인 과정에 따라 그것은 오직 빛으로부터 광채가 흘러나오는 것으로만 비교될 수 있다. 이 과정의 방식은 설명할 수 있는 것이 아니다.

따라서 하나님 아버지를, 그의 독생자의 생식과 그 자신의 존재 안에서, 사람이나 다른 어떤 생물 안의 생식 과정과 비교하는 것은 불법적이고 금지된 것이다. 자생하는 하나님이 생식된 독자의 아버지가 되는 방식을 인간의 생각이 이해할 수 있는 방식으로서, 사실에서나 혹은 생각과 상상 속에서조차 비교할 수 없는 하나님 한 분에게만 적합한 어떤 예외적인 과정이 있어야만 함에 틀림없다. 영원하고 항상 지속적인 자생은 광채가 빛에 의해 나오는 그런 방식을 따른다.

(De Principiis 1:2.4)

성령

여기서부터 오리겐은 물리적인 우주의 교리와 그것이 존재하게 된 방식에 대한 교리를 향해 논리적으로 나아갔다. 그러나 여기서 교회의 전통에 대한 충성심 속에서 그는 다음으로 성령의 교리를 다룬다. 여기서 그는 성서로부터 많은 구절들을 인용하여 상당한 분량을 다뤘다. 그러나 성령의 교리는 그의 계획 속에 진정으로 적합한 것은 아니다. 과연 그것은 어떠한 플라톤적 계획 속에도 진정으로 적합할 수가 없는 것이다. 오리겐은 성령의 역사를 "거룩한 것들"에게로, 즉 기독교인들에게로, 그리고 그들 중에서도 훌륭한 크리스천에게로 제한하는데, 그들은 그들의 삶들 속에서 거룩함을 증명한다. 그러한 어떤 제한도 로고스에 기인하지 않는데, 그것에 관하여는 만물이 그를 통해 만들어졌다고 이야기되고 있다:

그것이 그런 식으로 있는 그 능력을 그 자신의 존재로부터 모든 존재하는 것들에 주면서, 아버지인 하나님은 모든 것을 다 함께 유지하고 있고, 모든 존재하는 것들에 가까이 다가온다. 아들은 아버지보다 더 제한된 행위로써 지적 존재들에게만 가까이 다가온다. 왜냐하면 그는 아버지 뒤의 두 번째이기 때문이다. 훨씬 더 제한적인 것은 성령의 영역이다. 그는 오직 거룩한 것들에게만 찾아온다. 그래서 이런 방식 속에서 아버지의 능력이 아들의 것과 성령의 것보다 더 크며, 아들의 것이 성령의 그것보다 더 크며, 성령의 능력이 거룩하다고 불릴 수 있는 어떠한 다른 존재의 그것보다 훨씬 더 크다.

(De Principiis 1:3.5)

뒤에서 오리겐은 다음과 같이 언급한다.

이제 우리는 그러한 것들(성서로부터의 인용들)을 통해 아버지와 아들과 성령의 일체를 제시했고 우리는 그 순서로 돌아갈 것인데, 그것은 우리가 설명해 온 것이었다. 하나님 아버지는 모든 것들에게 그들이 가진 존재성을 주셨다. 그러나 그리스도가 그 말씀(혹은 이성)이기 때문에 그분 속에 참여하는 것은 어떤 존재들이 이성적인 존재가 되게 해준다. 그것들이 미덕이나 악함으로 돌아설 수 있기 때문에, 이러한 것들은 칭찬받을 만하게 되거나 혹은 죄를 범하게 될 수 있다고 추정할 수 있다. 그러면 그것은 성령의 은혜가 더해지게 될 때, 그들의 가장 중심에 있는 본질이 거룩하지 않은 사람들도 그분 안에 참여함으로써 거룩하게 될 수 있다고 논리적으로 추정할 수 있다. 따라서 먼저 그들은 하나님으로부터 존재 그 자체에 바로 그 가능성을 얻는다. 두 번째로 그들은 로고스로부터 이성적 존재로서의 존재의 가능성을 얻는다. 그리고 세 번째로 그들은 성령으로부터 존재가 거룩하게 되는 가능성을 얻는다.

(De Principiis 1:3.8)

이제 우리가 말한 대로 성령에 대한 서론은 이 시점에서 오리겐이 따르고 있는 그 계획에 부합하지 않고, 그의 체제의 일치를 깨뜨린다. 이것에 대한 원인은 그 체계 속에 깊이 자리 잡고 있다. 오리겐은 그의 기독교사상이라는 건축물을 짓기 위해 두 가지 다른 출발점을 조화시키려 시도했다.

더 오래된 저작가들인 필로, 변증론자들, 클레멘트의 계획 안에서 성령은 분명하고 명확한 자리를 차지한다. 그러나 이것은 구속에 관한 부분에서 그렇고 세상의 기원에 관한 부분에는 그렇지 않다. 그들은 구속이 이런 식으로 발생한다고 말했다. 계시의 행동 속에서 (혹은 시작의 미스터리 속에서) 로고스는 하늘의 지혜를 인간들에게 부어넣는데, 그것은 성령의 다른 이름이다. 그리고 이것은 영혼이 하나님을 향해 오를 수 있게, 즉 거룩하게 되도록 해준다. 이제 이런 식으로 이야기하는 것은 타락과 인간의 구속의 필요의 교리를 전제로 한다. 그러나 오리겐은 아직까지 이런 점에 도달하지 못했다. 그리고 바로 이것이 성령의 교리와 우주의 기원과 본질에 대한 그의 교리가 실패이자 실패가 될 수밖에 없는 이유이다.

창조된 영들과 그들의 자유

그렇게 우리가 아들의 생식 이후의 우주 진화의 단계가 무엇이었는지 오리겐에게 질문하기 위해 돌아갈 때, 이 시점에서 우리는 성령의 교리가 필요 없다는 것을 알게 된다. 로고스를 통한 하나님의 첫 번째 창조는 지적인 영들의 세계였다. 그리고 이것들은 하나님의 존재 속에서 공유하는 것이 있는데, 그것은 로고스를 통해 그들에게 중재된다. 그러나 그들이 존

재하게 되었을 때 하나님의 속성들 중에 한 가지가 더 상실되었다. 이번엔 그분의 불변성의 속이다:

이것들은 창조된 존재들이고, 창조 전에 그들은 전혀 존재하지 않았다. 그러나 이전에 그들이 전혀 존재하지 않았으며 그들의 존재가 시작을 가졌다는 사실로부터 그들이 변할 수 있고 변경될 수 있다는 것이 반드시 따른다. 왜냐하면 그들이 존재할 수 있게 만들어 준 능력은 본질상 그들 안에 거하는 것이 아니라, 창조자의 선함에 의해 그들에게 부여된 것이기 때문이다. 그래서 그들의 존재는 내재적이지 않고 영원하지 않은 것이다. 그것은 하나님의 선물이다. 이것은 그것이 항상 존재하는 것은 아니라는 것을 의미한다. 그리고 주어진 모든 것은 빼앗기거나 그것의 근원으로 돌아갈 수 있다. …… 창조자는 그들 안에 있는 선이 그들 자신의 자유 의지로 그것을 단단히 쥘 수 있게 함으로써 그들 자신의 것이 되도록 하기 위하여, 그가 창조한 영들에게 자유와 선택의 가능성을 주셨다. 그러나 선으로부터 도피하는 것의 시작은 선한 것을 단단히 붙잡는 중의 게으름과 피로함, 더 좋은 것으로부터 돌이키는 것, 그리고 그것에 대한 방치였다. 그러나 선으로부터 도피는 악으로 나아가는 것과 완전히 똑같다. 왜냐하면 "악한 것"은 "선한 것의 부재"와 정확히 똑같다는 것을 의미하는 것이 분명하기 때문이다. 그리고 그가 선으로부터 돌이키는 바로 그것이 인간을 악으로 전진해 들어가게 한다. 그래서 그것의 충동에 따라 다소간에 선을 방치한 모든 영혼은 선의 반대에 이끌려가고, 그것은 확실히 그것이 악한 것 속으로 이끌려가는 것을 의미한다.

(De Principiis 2:9.2)

창조된 영들은 하나님의 불변성을 소유하지 못했다. 이것은 그들이 자유롭다는 것을 의미한다. 그러나 여기서 우리는 오리겐 체계의 또 다른 불일치성 속으로 들어가게 된다. 그는 이런 자유가 마치 선하면서도 악한 것처럼 취급하는 것 같다.

첫째, 그가 인간의 재능에 대해 이야기하고 있는 곳에서 의지의 자유는 인간이 소유한 지성에 대응하는 자질로 묘사된다. 구속을 가능하게 만드는 것은 바로 이것뿐이다. 하나님이 보시는 인간의 책임을 위한 기초는 바로 이것이다. 그러한 자유는 도덕적 행위의 어떠한 교리를 위해서라도 필요한 기초이다. 따라서 오리겐은 자유의 교리를 아주 중요시해서 그가 그것에 몰두한 그 부분은 전체 책 중에 가장 길다.

그러나 둘째, 우리가 인간의 관점에서 보지 않고 본질적인 존재에 대해, 그리고 우주에 대해 생각하고 있을 때, 자유는 아주 다르게 보인다. 그것은 열등성의 원칙, 거의 악의 원칙이 된다. 지적인 영들이 하나님으로부터 떠나는 것은 바로 그들의 자유를 위해서이다. 혹은 다른 식으로 말하자면 존재의 원칙으로부터 떠나 비존재 속으로 들어가는 것이다. 이것은 그들이 물질이 아닌 하나님으로부터 돌이켜 물질적 존재로 들어간다는 것을 의미한다. 부분적으로 그들이 하나님에게서 떠날 때, 그들은 그들 자신을 물질 속에 보다 깊이 빠져들게 하는데, 그것이 점차로 그들의 자유를 멈추게 하고 마침내 그것을 마비시킨다.

하나님으로부터 소외되는 것은 어느 정도 발생할 수 있다. 사실 우리는 세 단계를 구분해야만 한다. 천사는 다른 영들보다 덜 심하게 타락했다. 그래서 그들은 보다 섬세한 물질의 몸으로 옷을 입었다. 인간들의 영혼은 인간의 육체에 갇혀 있다. 하나님으로부터 훨씬 더 타락한 것은 악령들이다(demons).

그들은 완전히 추악하고, 신적 아름다움으로부터 가능한 한 최대한으로 멀리 떨어져 있는 육체들을 가지고 있다.

신인(The God-man)

하나님으로부터 우주가 멀리 떨어져 나온 것은 이제 할 수 있는 한계의 끝에 다다랐다. 우주적 드라마의 두 번째 활동이 시작되어야만 한다. 이것은 구원, 즉 하나님에 대한 소외로부터 세상의 되돌아옴이다. 구속자는 본질적으로 로고스이다. 그러나 구속의 역사를 수행하기 위해 그는 하나님으로부터 소외된 인간을 따라야만 할 필요가 있다. 그리고 이것은 그가 영과 혼과 육으로 이루어진 완전하고 완벽한 인간이 되어야만 함을 의미한다.

하나님의 독생자는 그때…… 성서의 말씀에 따르면, 만물을 창조했고, "그가 창조한 것을 사랑한다."[18] 왜냐하면 그는 보이

---

18 지혜서 11:24.

지 않는 하나님의 보이지 않는 형상[19]이기 때문에, 그리하여 각 사람이 사랑과 헌신으로 그것 자체가 그에게 속한 분량에 따라 그의 존재 안에서 공유할 수 있도록 그는 그 자신 안에서 보이지 않게 모든 지적인 창조물들에 참여했다. 그러나 저 영혼은 그에 관하여 예수는 "누구도 나에게서 내 영혼을 빼앗아가지 못한다"[20]라고 말했는데 태초부터 그리고 뒤따르는 모든 세대를 통하여 하나님의 지혜와 하나님의 말씀의 영이 진리와 진리의 빛의 영인 것처럼 비분리적이고 비용해적으로 하나님께 매달려 있다. 그렇게 이 영혼은 하나님을 온전히 다 받았고 그 자체가 빛과 그의 광채 속으로 들어갔고 따라서 본질적으로 사도들이 그 혼을 닮으려 하는 사람들에 대하여 "주님과 합한 사람은 한 영이니라"[21]고 말한 것과 같이 그와 함께한 영이 되었다. 그래서 혼의 이러한 실체는 하나님과 육신 사이에 중재자로서 행동했다. 왜냐하면 중재자 없이 하나님의 본성이 육체와 결합한다는 것은 불가능하기 때문이다. 그래서 우리가 말한 대로 중간 실체가 존

---

[19] 골 1:15.
[20] 요 10:17-18; 희랍어에서 "영혼"(soul) = "생명"(life)
[21] 고전 6:17.

재했고 저 실체의 본성이 육체를 입는 데 반대되지 않았기 때문
에 신인(God-man)이 태어날 수 있었다. 그러나 똑같이 저 혼
이 지적인 실체이기 때문에 그의 본성이 하나님을 그 자체에 취
하는 것이 반대되지 않았다. 그리고 우리가 위에서 설명한 대로
저 영혼은 완전성 안에서 말씀과 지혜와 진리 속으로 들어가는
것처럼 하나님 속으로 들어갔다.

그래서 이 혼이 하나님의 아들 속으로 완전히 들어갔기 때문
에 혹은 하나님의 아들을 그 자체 속으로 완전하게 취했기 때문
에, 떠맡은 육신과 함께 그것이 하나님의 아들, 하나님의 권능,
그리스도 그리고 하나님의 지혜로 불려야만 하는 것은 아주 적
절하다. 만물을 만드신 하나님의 아들이 또한 예수, 그리고 인간
의 아들이라고 불리는 것도 동일하게 적절한 것이다. 우리는 죽
음을 받아들일 수 있었던 저 본성을 위하여 "하나님의 아들이 죽
었다"라고 말한다. 그리고 "인간의 아들"이라는 이름은 그가 거
룩한 천사들과 함께 아버지의 영광 안에서 오시리라고 선포된
분인 그분에 대해 사용된다.[22]

---

[22] 마 16:27.

이러한 이유로 인해, 인간 본성은 신에게만 적합한 영광의 칭호들로 장식된 반면 성서의 모든 곳에서 신적 본성은 인간에게 적절한 용어로 언급된다.

(De Principiis 2:6.3)

우리가 알고 있듯이 오리겐은 "신-인"이라는 표현을 처음 사용했다. 신-인이라는 말은 이해하기 어려운 표현이다. 오리겐은 신성과 인성을 완전히 다른 것으로 보지 않았다. 구원의 사역을 이루고 있는 신-인은 신(신이 어떤 것으로 변화한다는 것은 생각할 수 없는 일이다)이 사람이 되었다가 다시 신으로 돌아가는 것이 가능할 것이라고 생각했다. 오리겐은 구원의 사역을 설명하는 데 있어 교회의 전통적인 사상을 모두 이용했다. 구세주는 신성한 교사이고 지식을 전하는 자이다. 구세주는 사상적인 가르침에서 중심이 된다. 그러나 우리는 구세주를 하나님의 계획에 의해 희생되어 사탄에게 죄 값을 치렀던 중재자로만 생각한다. 하지만 구원의 본질은 영혼이 다시 하나님께로 돌아가는 것이고 구원자의 삶을 따라야 하는 것이다.

천국에 가까이

오리겐의 접근 방법은 지식이 발전되는 과정으로 묘사할
수 있다. 세례를 받아서 신앙이 시작되고, 복음을 전하고, 몸
이 죽고 나서 내세로 가는 과정이다.

나의 관점으로 모든 성인들이 삶을 마감할 때, 이 땅 위에 잠
시 머물다가 성서에서 말하는 천국으로 간다. 교육의 장소인 강
당, 학교는 영혼을 위해 존재한다. 그것들은 이 땅 위에서 보았던
모든 것을 가르치기 위해 존재한다. 또한 미래의 확실한 계시를
받을 것이고 삶을 살아가는 데 있어서도 가르침을 받을 것이다.
처음에는 천국의 일부가 파편으로 남아 있어 "거울에 비치는 희
미한 모습"으로 관찰할 수밖에 없지만, 학교에서 성자들이 더욱
밝고 명확하게 가르칠 것이다. 만약 사람의 몸과 마음이 순수하
게 하고 그의 감각을 잘 훈련시키고, 발전시키면 높은 곳의 장소
에 오르게 될 것이다. 결국 천국에 이르게 될 것이다. 이렇게 배
움을 받은 사람은 거주했던 곳인 "지구"를 통과하여 성경에 기록
된 "천국"에 이르게 될 것이다. 그는 모든 것을 통과하고 "천국을

지나 하나님의 아들 예수"에게 다가가 "내(예수)가 있는 곳에 함께 있을 것"이다. 예수는 "내 아버지 집은 거처할 곳이 많다"라는 말을 통해 천국의 속성이 매우 다양한 주거라는 것을 나타내고 있다. 현재 어느 곳이나, 모든 것에 편만 되어 있는 것이다. 예수가 더 이상 인간의 몸을 입지 않으시고 우리를 구원하시고 우리와 사람 사이에 존재하는 것……

성자들이 천국에 이를 때면, 천상 세계를 자세히 살펴볼 것이고 그들의 상태는 영혼으로 있다. 그리고 하나님은 성인들에게 계시할 것이고 그들은 하나님의 사역을 여러 방법을 통해 계시 할 것이다. …… 그들은 보이지 않는 것을 알 수 있고, 아마도 우리가 익히 들어서 알고 있으나 보이지 않는 것에도 접근할 수 있을 것이다. 바울이 우리에게 많은 것을 말했지만 우리의 한계 때문에 특별히 구분해야 하는 것을 우리가 쉽게 인지할 수 없었다. …… 하지만, 이성적인 존재는 더 이상 육체에 의해 방해받지 않을 것이다. 그는 영적인 성장에 의해 도움을 받을 것이다. 순수한 계시를 붙잡으면 "얼굴과 얼굴"을 대하는 상태가 되고 종극에는 완벽한 것을 이루게 될 것이다. 첫 번째는 여러 수단에 의해 완전한 자가 되기 위해 높이 올리어지고, 두 번째는 그것에 합일되는 것을 통해 완벽해지게 된다. …… 내가 생각하기에 완전한 곳에 이르게 된다면, 편히 쉴 곳과 몸에 좋은 음식, 흠이 없는 것을 사용할 것이다. 음식은 여기서 하나님이 지식을 알아 가는 데 있어 필요조건적인 요소이다. …… 그리고 어떻게 접근하는가에 따라 자연 상태인 순수한 마음을 가지고 그를 알게 될 것이다.

(De Principiis 2:11, 6f)

그는 구원을 회복시키기 위해서 왔다. 오리겐은 죽음에 대한 교회의 일반적인 가르침이었던 구원과 심판을 다시 가르쳤다. 그에게 있어 구원과 심판은 마지막 단어가 아니다. 구세주는 성자들 저편에 있다. 모든 것은 하나님으로부터 나오고, 구원을 받았다. 심지어 천사와 악마 자신들도 다시 소환시킬 수 있다. 그래서 결국에는 태초로 갈 수 있고, 모든 것을 다시 되돌려 놓을 수도 있다.

하나님의 영원한 활동

그러나 목적이 완성되면 하나님 때문에 자유를 갖게 된 영혼은 모든 것을 시작할 수 있고, 지난 과거를 따라 있었던 세상은 새 시대에 새로운 피조물로 존재할 수 있을 것이다. 오리겐에 따르면 총체적이고 지적인 우주, 하나님의 존재에 참여하는 것은 어디에나 존재한다. 하나님은 변화가 없고, 시간에 얽매이지 않고, 시작과 끝이 없다. 그리고 계속되는 타락과 구원의 반복은 현재에 있다. 하지만 신 자신은 역사 가운데에 있는 구원의 사건을 반복하지 않는다. 그래서 오리겐은 영원한 세계에 대해 다음과 같이 말한다.

우리가 일반적으로 가르쳤던 것은 세계가 창조되기 전에 하나님이 무슨 활동을 하였던 것인가? 하나님이 게으른 것 같다는 본성에 대하여 말하는 것은 신앙심이 없는 것 같이, 우습고 무가치하게 들릴 수 있다. 그의 좋은 본성을 부정적으로 보기 때문에 모든 힘이 발현되지 않는다고 생각할 수 있다. 이 세계가 특별한 순간에 창조되었다는 것은 성서의 본문에 따라 이 시기가 존재했다는 것을 추측할 수 있을 뿐이다. 나는 성서의 가르침에 대하여 이단적인 답을 주려고 하는 것은 아니다. 우리는 경건한 규칙에 따라 논리적인 답을 얻어야 한다. 하나님은 그가 천지를 창조하였을 때 첫 시기에는 일을 시작하지 않으셨다. 이 현실이 종말이 온 뒤에는 다른 새로운 세계가 존재하게 될 것이고, 우리는 현실세계 이전에 앞선 세계가 있었다는 것을 알 수 있다.

(De Principiis 3:5.3)

우리가 교회사, 철학역사의 새로운 시기를 맞이하고자 하는 관점을 포기하는 것은 우리의 사명이 아니다. 이 책은 오리겐과 클레멘트가 주는 사상을 통해서 독자들에게 두 가지를 전달하고자 하였다. 즉 그들이 떠맡은 임무를 얼마나 훌륭히 수행했는지, 그들이 이루었던 계승들이 생각할 만한 가치가 있는지를 말하고자 했다. 오리겐과 클레멘트가 이루었던 신앙의 빛을 가지고 알려진 연구들을 총체적으로 조명하고자 하였다. 그들의 성찰 중 몇몇은 시대에 불변하는 가치를 지니고 있다. 그리고 그들의 모범적인 자취는 초대 시대부터 우리가 살고 있는 현재에 이르기까지 기독교 사상가들의 영감을 불러일으킨다.

초기 그리스도교 사상가들

2013년 5월 25일 인쇄
2013년 5월 30일 발행

지은이 | H. 크라프트
옮긴이 | 정용한 소요한 송용섭
펴낸이 | 김영호
펴낸곳 | 도서출판 동연
기 획 | 정진용 편 집 | 조영균 디자인 | 최려진
등 록 | 제1-1383호(1992. 06. 12.)
주 소 | 서울시 마포구 월드컵로 163-3
전 화 | (02) 335-2630
팩 스 | (02) 335-2640
이메일 | yh4321@gmail.com

ISBN 978-89-6447-201-9   93200